供给侧结构性改革下全域旅游发展水平评价及其空间特征研究（编号GL19122），江西省教育厅高校人文项目

江西省全域旅游发展模式与建设路径研究（编号YG2021181），江西省文化艺术科学规划项目

江西科技师范大学 出版资助

江西省全域旅游发展水平评估与模式研究

彭燕　叶林◎著

江西人民出版社
Jiangxi People's Publishing House
全国百佳出版社

图书在版编目(CIP)数据

江西省全域旅游发展水平评估与模式研究 / 彭燕,叶林著
. --南昌 : 江西人民出版社, 2022.12
ISBN 978-7-210-14401-4

Ⅰ. ①江… Ⅱ. ①彭… Ⅲ. ①地方旅游业-旅游业发展-经济发展水平-研究-江西 Ⅳ. ①F592.756

中国国家版本馆 CIP 数据核字(2023)第 015230 号

江西省全域旅游发展水平评估与模式研究
JIANGXISHENG QUANYU LÜYOU FAZHAN SHUIPING PINGGU YU MOSHI YANJIU
彭燕 叶林 著

责任编辑:陈 茜
封面设计:回归线视觉传达
江西人民出版社 Jiangxi People's Publishing House 全国百佳出版社 出版发行
地 址:江西省南昌市三经路 47 号附 1 号(330006)
网 址:www.jxpph.com
电子信箱:jxpph@tom.com
编辑部电话:0791-88677352
发行部电话:0791-86898815
承 印 厂:北京虎彩文化传播有限公司
经 销:各地新华书店

开 本:720 毫米×1000 毫米 1/16
印 张:12.25
字 数:175 千字
版 次:2022 年 12 月第 1 版
印 次:2022 年 12 月第 1 次印刷
书 号:ISBN 978-7-210-14401-4
定 价:50.00 元
赣版权登字-01-2022-724

前言

党的二十大报告指出，高质量发展是全面建设社会主义现代化国家的首要任务。中国旅游业经过四十年的发展，由数量效益型增长向质量效益型增长转变是当前行业发展面临的重要任务。全域旅游由文化和旅游部（原国家旅游局）提出，它是以旅游业带动和促进经济社会协调发展的理念和模式，也是指导旅游业发展的国家战略。2016 年习近平总书记在宁夏调研时明确指出："发展全域旅游，路子是对的，要坚持走下去。"全域旅游强调旅游资源观、市场观、产业观、要素观的开拓创新，是旅游高质量发展的路径选择。六年来，江西省全域旅游建设成效显著，以其为案例进行全域旅游发展研究，不仅可以对江西省旅游高质量发展提供决策依据和评价参考，而且从一定意义上可以对其他省、市全域旅游高质量发展提供指导。

本书以江西省全域旅游示范区为研究对象，立足经济新常态下我国供给侧结构性改革的全新视角，构建全域旅游发展水平评价体系，提出全域旅游发展的具体路径和对策。具体而言，本书逐层深入探究如下内容：一是全域旅游理论研究的相关概念界定及理论分析框架；二是全域旅游发展水平构成指标研究；三是全域旅游发展现状研究；四是全域旅游发展水平的影响因素研究；五是江西省全域旅游的发展模式研究；六是江西省全域旅游发展的保障措施研究。

本书采用理论与实证相结合、定性与定量相结合、宏观与微观相结合、文字表述与图表示意相结合的方法。首先,通过对全域旅游理论文献的系统梳理,形成理论分析框架;其次,通过提炼指权、构建协调模型,从多方面分析江西省全域旅游发展现状,探析影响全域旅游发展的指标;再次,运用熵权法、TOPSIS综合评价法进行实证研究,探讨江西全域旅游示范区发展水平;最后,运用灰色关联度描述影响全域旅游发展水平的因素,进而探索全域旅游发展的模式。

基于上述研究工作,本书得出如下主要结论:

第一,构建了全域旅游发展水平评估的一般框架。在旅游系统理论和产业融合理论的指导下,厘清全域旅游发展水平评估的内容,从旅游贡献、旅游要素供给、旅游业态融合和旅游管理支持四个维度构建全域旅游发展水平评估体系,选择合适的全域旅游发展水平评估方法,形成全域旅游发展水平评估的一般流程,从而构建全域旅游发展水平评估的一般框架。

第二,运用耦合协调模型,选取 20 个反映旅游产业与经济发展水平的指标,对 2020 年江西 11 个设区市旅游产业与区域经济间协调有序发展状况进行定量分析。研究可知:江西各设区市旅游产业和区域经济处于初级协调经济滞后型,其中南昌、九江、上饶协调性较好。国内旅游人次、A 级景区数量、财政收入等指标是影响江西初级协调滞后的主要原因,为此,提出巩固国内旅游市场、打造精品旅游景区、加大地区财政投入、做好公共服务体系尤其是智慧旅游系统建设等对策,以促进江西成为红色旅游首选地、最美生态旅游目的地、中华优秀传统文化体验地。

第三,本研究采用变差系数(CV)、基尼系数(G)、首位度(S)、赫芬达尔系数(Hn)4 个指标,从旅游业的均衡性、旅游业经济差异以及旅游资源禀赋差异 3 个方面分析江西省全域旅游发展基础,并进行旅游业发展差异性的原因分析,发现江西省全域旅游发展存在旅游资源禀赋度不一、经济发展水平不一致、政策扶持利用度不同、区位状况存在差异化等问题。

第四,构建江西省全域旅游发展水平指标体系,并运用熵权法、TOPSIS 综合评价法、灰色关联度等研究方法对江西省全域旅游发展水平进行评估及影响因素进行分析。TOPSIS 综合评价法结果显示,39 个城市的全域旅游发展水平排名为婺源县、鹰潭市、井冈山市、武宁县、靖安县、龙南市、湾里区、资溪县、庐山市、乐安县、石城县、上犹县、昌江区、浮梁县、大余县、瑞金市、渝水区、芦溪县、铜鼓县、珠山区、修水县、玉山县、安源区、安远县、青原区、永修县、安义县、安福县、黎川县、全南县、广丰区、吉州区、崇义县、南昌县、南丰县、弋阳县、于都县、分宜县、彭泽县。通过构建灰色关联度模型可知,关联度最强的是旅游收入占本地 GDP 的比重指标,说明经济发展水平与全域旅游发展水平密切相关,其次是工业旅游示范基地、精品民宿、智慧旅游等指标,各个指标都是处于 0. 65<灰色关联度值≤0. 85,说明各指标与全域旅游发展水平的关联度较高,影响较强。

第五,通过国内外全域旅游发展的典型案例,提出了江西省全域旅游发展模式及保障措施。在构建江西省全域旅游发展水平评价体系的基础上,借鉴国内外全域旅游发展的经验,结合对江西省全域旅游发展水平的分析,提出了景城一体型、城乡融合型、生态依托型、扶贫富民型、文旅融合发展带动型五种全域旅游发展模式,并通过部分具有典型特征的地区进行案例实证。最后,从体制机制、政策制度、基础设施、信息支撑等方面提出了实施江西省全域旅游发展模式的保障措施。

本书创新之处主要在于:

一是以综合集成的视角将统计学、旅游学、经济学、地理学等学科相关理论置于研究框架之下,构建了全域旅游发展水平评估的一般框架。在旅游系统理论和产业融合理论的指导下,以旅游经济发展水平、旅游产品供给、旅游产业融合和旅游管理水平四个维度构建了全域旅游水平评估分析框架,丰富了全域旅游发展理论基础。

二是在实践研究方面,本书所选研究区域是国家(省)级全域旅游示范区,具有典型性和代表性,使得研究结果对其他县(市、区)全域旅游发展,以及实现旅游高质量发展更具有指导意义和借鉴价值。此外,本书不囿于龙头景区带动型、城市全域辐射型、特色资源驱动型等五种全域旅游发展模式，而是通过树立新的资源观、产品观、市场观，根据评价结果总结提炼了五种全域旅游发展模式，不仅适用于江西省及各地市的全域旅游发展，对其他同类型区域也具有一定的参考价值。

三是在研究方法方面，本书运用旅游学与经济学跨学科交叉的研究方法，构建了全域旅游评价指标体系，解决了全域旅游带动区域协调发展的量化分析难题，使评估和研究变得更具有可操作性。此外，将定量分析方法与经验判断等定性分析方法相结合，交叉验证江西省旅游业发展阶段研究，使所得结论更加客观。

目录

第 1 章　绪论 ………………………………………… 1

1.1　全域旅游的研究背景 ………………………………… 1

1.2　全域旅游的发展意义 ………………………………… 10

1.3　全域旅游的特征 …………………………………… 13

1.4　全域旅游的研究意义 ………………………………… 16

1.5　全域旅游的研究内容 ………………………………… 17

1.6　全域旅游的研究方法 ………………………………… 18

第 2 章　全域旅游的国内外研究进展 ……………………… 20

2.1　全域旅游的国内研究进展 …………………………… 20

2.2　全域旅游的国外研究进展 …………………………… 32

2.3　全域旅游的理论基础 ………………………………… 41

第 3 章　全域旅游发展水平评估的一般框架 ………………… 49

3.1　全域旅游发展水平的相关概念 ……………………… 49

3.2　全域旅游发展水平评估的一般流程 ………………… 52

3.3 本章小结 …… 57

第4章 江西省全域旅游发展现状 …… 59

4.1 江西省全域旅游发展的基础条件分析 …… 59

4.2 江西省旅游业区域发展差异性分析 …… 69

4.3 江西省全域旅游的发展现状 …… 75

4.4 本章小结 …… 94

第5章 江西省全域旅游发展水平评估及影响因素 …… 96

5.1 江西省全域旅游发展水平评估 …… 97

5.2 全域旅游发展水平影响因素分析 …… 112

5.3 结论与建议 …… 118

5.4 本章小结 …… 121

第6章 国内外全域旅游发展的典型案例 …… 123

6.1 国外全域旅游发展的典型案例 …… 123

6.2 国内全域旅游发展的先进案例 …… 132

6.3 本章小结 …… 142

第7章 江西省全域旅游的发展模式 …… 143

7.1 景城一体型的全域旅游发展模式 …… 144

7.2 城乡统筹型的全域旅游发展模式 …… 147

7.3 生态依托型的全域旅游发展模式 …… 150

7.4 扶贫富民型的全域旅游发展模式 …… 154

7.5 文旅融合发展带动型的全域旅游发展模式 …… 158

7.6 本章小结 …… 162

第 8 章　江西省全域旅游发展的保障措施 …… 163
8.1　健全体制机制 …… 163
8.2　创新政策制度 …… 166
8.3　完善配套设施 …… 169
8.4　强化信息支撑 …… 172
8.5　加强营销推广 …… 173
8.6　加强环境保护 …… 174
8.7　本章小结 …… 174

第 9 章　结论 …… 176

参考文献 …… 179

第 1 章

绪论

1.1 全域旅游的研究背景

国务院办公厅于 2018 年 3 月出台的《关于促进全域旅游发展的指导意见》,把旅游“作为发展经济、增加就业和满足人民日益增长的美好生活需要的有效手段,把旅游业打造成提高人民生活水平的重要产业”。《国家全域旅游示范区验收标准》中指出,全域旅游是指在一定地域内,以旅游业为优势产业,对这一地域资源尤其是旅游资源、生态环境、公共服务、体制机制、政策法规和文明素质等进行全方位、系统化的优化和提升,实现其有机融合,从而形成产业融合发展、社会共建共享,以旅游业带动和促进经济社会协调发展的区域协调发展新思路和新模式。它是应对全面小康社会大众旅游需求新途径,也是一种经济发展思维,更是以旅游为引领社会全面协调发展的战略,与“创新、协调、绿色、开放、共享”新发展理念高度契合。

1. 全域旅游是经济社会发展到一定阶段的产物

改革开放以来,中国经济社会发展经历了“短缺”至“富裕”、“生产型”至“经济型”的变化,上述形态变迁不可避免地催生出了全新的消费形态。旅游业作为中国经济发展的支柱性产业,在拉动内需、促进社会消费转型升级和扩大社会就业等方面发挥着重要作用。随着经济社会的发展,旅游已经成为人们社会生活中不可缺少的一部分,是小康社会人民美好生活的刚性需求。早期旅游活动具有鲜明的阶级代表性,从最初的权贵阶级的消费活动到如今的大众旅游时代,人们对旅游活动的需求也越来越高。在我国经济迅猛发展的大背景下,旅游消费无论从规模和质量上、观念和形式上,还是从广度和深度上都发生了巨大的变化。为了满足这种消费需求上的转变,为了适应社会经济发展结构的调整,旅游产业需要转型,需要通过政府引导、社区参与、品牌塑造、产业融合等方式来促进旅游业的发展,全域旅游便应时而生。

2. 全域旅游是旅游需求发展到一定阶段的产物

传统观光旅游的舞台上,景观资源为第一核心吸引物,致使我国旅游业一直注重景区(点)建设。伴随着中国经济、科技、教育活动的快速发展,市场主体逐步苏醒,中国旅游需求愈加强烈与多元,旅游活动品质要求越来越高。旅游消费全面升级,人们已不再满足于走马观花式的观光旅游,短途游、自驾游、在线游开始出现,开始追求更高层次的游客体验,注重产品新鲜感、体验感、互动性,注重旅游目的地能根据游客需求进行细分如“Z 世代”“α 世代”“她”等。当前,我国的旅游市场仍处于初级阶段,如何进一步提升我国旅游产业整体水平成为急需解决的问题。在这种情况下,新的旅游发展理念应运而生,全域旅游强调全要素、全要素、全行业、全过程、全方位、全时空推进旅游发展,它能丰富旅游产品内涵、完整呈现旅游要素、全方位整合旅游资源,是满足人民旅游需求的有效途径。

3. 旅游业转型升级和高质量发展的必然要求

我国旅游业的发展经历了 40 年的历程,旅游产业体系基本形成,正式从“观光旅游”时代过渡“休闲度假旅游”时代,“十三五”期间国内旅游市场规模不断扩大,早已成为世界第一大国际旅游消费国和第四大旅游目的地。中国旅游业在过去几十年中取得了令人瞩目的成就,但高速发展也带来了一系列问题,如旅游经济结构不合理、粗放低效现象严重、旅游政策体系不健全、旅游环境有待改善、缺乏专业化管理等,产业转型升级迫在眉睫。“十四五”期间,为满足人民日益增长的美好生活，为深化旅游业供给侧结构性改革，旅游业高质量发展成为主题。全域旅游改变过去重视景区的发展方式，强化政府引导，完善协调机制，优化要素配置，推动产业融合，营造全域氛围。此外，全域旅游强化典型示范、重视创新引领、持续动态管理，是提升旅游发展质量有效手段。

4. 全域旅游示范区创建工作的推动

全域旅游作为一项国家发展战略可将其划分为理念提出、全面发展、扎实推进、创建验收四个阶段。党的十八届五中全会提出了建设社会主义新农村的宏伟目标；2014 年中央一号文件明确把旅游业作为国民经济战略性支柱产业；2015 年全国旅游工作座谈会上第一次明确提出全面推进全域旅游发展战略部署；2016 年是全域旅游"全面发展年"，正式提出"全域旅游"概念，创建"国家区域旅游示范区"也拉开了序幕；2017 年是"扎实推进年"，其指导方针和认定标准也在不断修订完善中，各地区创建单位开展了全面统筹部署；2019 年全域旅游示范区的验收陆续展开，各创建单位都在积极做好示范区认定及验收工作。

根据文化和旅游部关于开展全域旅游工作的总体安排，2019 年上半年起对第一批国家全域旅游示范区进行验收认定。经文化和旅游部组织的会议评审及第三方检查，共有 96 个创建单位通过验收。经公示，已有北京、江苏、浙江 3 个省(直辖市)共 72 家创建单位获得首批国家全域旅游示范市称号，包括北京市门头沟区、浙江省金华市婺城区。其中，71 个创建单位被评为第一批国家全域旅游示范区建设单位。这 71 个示范区的创建方式、路径和成果都有其独特之处，给更多示范区创建提供了许多可供参考和复制的经验，如文化和旅游部总结归纳的文旅融合、旅游扶贫富民、城乡统筹、生态依托、景城共建、休闲度假、资源转型和边境开发开放等发展模式对于各地区深入推进全域旅游发展都有较好的研究和借鉴意义。

着手打造全域旅游示范区，应适应大众化旅游发展的需求，切实加大旅游基础设施和公共服务体系建设力度，着力提高旅游服务质量；应满足多样化旅游发展需要，因地制宜、彰显特色，着力于旅游产品的开发，构建多层次、有特色、中高端旅游产品体系;应坚持“以人为本”,坚持开放共享,注重加强旅游环境秩序建设,做到区域景观化、景区内外环境一体化、市场秩序规范化、旅游服务精细化;应顺应现代旅游综合产业和综合执法的需要,加快推进旅游业管理体制与执法机制改革创新;应鼓励有条件的创建单位率先设立综合性旅游管理机构,在全国范围建立旅游警察、旅游法庭和旅游工商分局。凡列入国家全域旅游示范区的区域享受“八优先”,即优先纳入中央和地方预算内投资支持对象;优先支持旅游基础设施建设;优先纳入旅游投资优选项目名录;优先安排旅游外交、宣传推广活动,纳入国家旅游宣传推广重点支持范围;优先纳入国家旅游改革创新试点示范区域;优先支持 A 级景区等国家重点旅游品牌创建;优先安排旅游人才培训;优先列入国家旅游局重点联系区域。应当在全面提升居民生活质量上下功夫,让人民群众享有更加优质便捷的休闲娱乐体验。2020 年,国家文化和旅游部公布第二批国家全域旅游示范区。名单以促进全域旅游发展为宗旨,为更多全域旅游示范区创建者的创新和发展提供了许多宝贵且可以复制推广的经验和做法,选择昌平区,门头沟区和中新天津生态城等全国全域旅游示范区 97 个,如下表:

表 1-1 国家全域旅游示范区创建名单

地区	首批	第二批
北京市	延庆区 怀柔区 平谷区	昌平区 门头沟区
天津市	蓟州区	中新天津生态城和平区
河北省	秦皇岛市北戴河区 邯郸市涉县 保定市易县	邯郸市武安市 石家庄市平山县 秦皇岛市山海关区 唐山市迁西县

续表

地区	首批	第二批
山西省	临汾市洪洞县 晋城市阳城县 晋中市平遥县	晋城市泽州县 长治市壶关县 运城市永济市 长治市武乡县
内蒙古自治区	满洲里市	鄂尔多斯市康巴什区 锡林郭勒盟二连浩特市
辽宁省	本溪市桓仁满族自治县	朝阳市喀喇沁左翼蒙古族自治县 辽阳市弓长岭区
吉林省	长白山保护开发区管委会池北区 延边朝鲜族自治州敦化市	长白山管委会池南区 梅河口市 通化市集安市
黑龙江省	大兴安岭地区漠河县 黑河市五大连池市	鸡西市虎林市 伊春市嘉荫县
上海市	黄浦区 松江区	青浦区 崇明区
山东省	潍坊市青州市 青岛市崂山区 济宁市曲阜市	威海市荣成市 临沂市沂南县 烟台市蓬莱区 德州市齐河县 济南市章丘区

续表

地区	首批	第二批
湖南省	衡阳市南岳区 湘潭市韶山市 张家界市武陵源区	张家界市永定区 长沙市望城区 湘西土家族苗族自治州凤凰县 郴州市资兴市
广东省	广州市番禺区 江门市台山市	梅州市梅县区 韶关市仁化县 深圳市盐田区
重庆市	巫山县 武隆区	万盛经开区 渝中区
四川省	成都市都江堰市 峨眉山市 广元市青川县	德阳市绵竹市 成都市崇州市 成都市锦江区 乐山市市中区 阿坝藏族羌族自治州九寨沟县
西藏自治区	拉萨市城关区 林芝市鲁朗景区管理委员会	日喀则市桑珠孜区 拉萨市当雄县
甘肃省	酒泉市敦煌市	平凉市崆峒区 嘉峪关市
宁夏回族自治区	银川市西夏区 中卫市沙坡头区	吴忠市青铜峡市 石嘴山市平罗县
新疆生产建设兵团	第十师 185 团	第八师石河子市

续表

地区	首批	第二批
江苏省	南京市秦淮区 南京市江宁区 徐州市贾汪区	淮安市金湖县 无锡市宜兴市 苏州市吴中区 常州市溧阳市 盐城市大丰区
浙江省	湖州市安吉县 衢州市江山市 宁波市宁海县	绍兴市新昌县 丽水市松阳县 台州市仙居县 杭州市桐庐县 嘉兴市嘉善县
安徽省	黄山市黟县 六安市霍山县	安庆市潜山市 六安市金寨县 黄山市屯溪区
福建省	福州市永泰县 南平市武夷山市 龙岩市武平县	三明市泰宁县 三明市尤溪县 泉州市德化县 厦门市集美区
江西省	吉安市井冈山市 上饶市婺源县 抚州市资溪县	赣州市石城县 宜春市靖安县 九江市武宁县 景德镇市昌江区

续表

地区	首批	第二批
河南省	焦作市修武县 信阳市新县 济源市	安阳市林州市 洛阳市栾川县 信阳市浉河区 焦作市博爱县
湖北省	武汉市黄陂区 恩施土家族苗族自治州恩施市 宜昌市夷陵区	咸宁市通山县 神农架林区 黄冈市英山县 宜昌市远安县 恩施土家族苗族自治州利川市
广西壮族自治区	桂林市阳朔县 来宾市金秀瑶族自治县	桂林市兴安县 柳州市融水苗族自治县 防城港市东兴市
海南省	三亚市吉阳区 保亭黎族苗族自治县	陵水黎族自治县
贵州省	贵阳市花溪区 遵义市赤水市 六盘水市盘州市	毕节市百里杜鹃管理区 黔南布依族苗族自治州荔波县 贵阳市乌当区 黔东南苗族侗族自治州雷山县
云南省	保山市腾冲市 昆明市石林彝族自治县	红河哈尼族彝族自治州弥勒市 大理白族自治州大理市

续表

地区	首批	第二批
陕西省	西安市临潼区 渭南市华阴市	丽江市古城区 安康市石泉县 延安市黄陵县 商洛市柞水县
青海省	海北藏族自治州祁连县	海北藏族自治州刚察县
新疆维吾尔自治区	伊犁哈萨克自治州昭苏县 巴音郭楞蒙古自治州博湖县	博尔塔拉蒙古自治州温泉县 阿勒泰地区布尔津县 伊犁哈萨克自治州特克斯县

5. 江西省急需构建与省情相适应的区域旅游发展模式

全域旅游示范区是实施全域旅游发展战略的着力点和试验田，政府围绕全域旅游示范区创建出台了许多政策文件。2015年初，国家旅游局（现为国家文化和旅游部）发布了《关于开展“国家全域旅游示范区”创建工作的通知》，明确界定了主体对象、确定了考核指标、规范了申报程序等内容，2018年出台《国务院办公厅关于促进全域旅游发展的指导意见》，2019年制订《国家全域旅游示范区验收、认定和管理实施办法（试行）》和《国家全域旅游示范区验收标准（试行）》，2020年对其进行了相关修订，系列文件及标准为全域旅游示范区创建工作提供行动指南。在此背景下，各地纷纷开始探索全域旅游示范区建设之路。江西省为了更好推进全域旅游发展，2018年出台《中共江西省委　江西省人民政府　关于全面推进全域旅游发展的意见》，2022年《江西省人民政府办公厅关于推进旅游业高质量发展的实施意见》明确提出建设全域旅游示范省。江西省在推进全域旅游发展方面取得了显著成效，特别是在深化体制机制改革、促进旅游提质增效等方面做了大量工作。但也清醒地看到，江西省全域旅游发展面临着生态环境压力凸显、产业结构不平衡、科技创新驱动不到位、发展方式转变等多方面问题仍没有得到较好的解决，加快打造与省情相适应的全域旅游发展新格局仍是当前亟须破解的关键痛点。

1.2 全域旅游的发展意义

1. 大力发展全域旅游,是推动旅游业转型升级、实现可持续发展的不二选择

“十四五”时期是江西省建设成为更具影响力的文化强省、旅游强省的关键时期,江西省全力打造“中国红色旅游的首选地、国际生态旅游的必选之地、世界观光度假休闲旅游胜地”,着力点是把江西优秀景观富集区改造成优质景区,江西旅游业还处在“景区门票经济”的阶段,这也是“大”而不“强”产生的根源。在旅游业蓬勃发展和“旅游强省”奋斗目标的推动下,江西省迎来了旅游转型升级时期,发展全域旅游便是推动旅游业转型升级的重要举措。

2020 年,国内旅游人数达到 28. 79 亿人,平均每人有将近 2 次旅游,旅游已经成为居民日常生活中不可缺少的一部分。在旅游方式上,自助游超过 85%,自驾游超过 60%。一个地区旅游质量的高低,既取决于旅行社、酒店、景点所提供的服务质量,也取决于区域整体产品的优劣。它需要对旅游环境进行整体优化,对整个旅游过程进行优化,对旅游基础设施、公共服务体系和旅游服务要素进行优化。然而,当前许多地方旅游市场秩序非常混乱,不适应人们“更加满意”这一要求,旅游产品、公共服务、交通基础设施的供给和爆发式增长、井喷式发展的旅游市场需求不匹配,这些问题均需借助全域旅游的发展予以破解。

2. 大力发展全域旅游,能够推进新型城镇化和新农村建设

发展全域旅游可以加快城市化建设速度,有效改善城乡基础设施,促进人口从大城市向特色旅游小镇的有序转移,同时带动现代生态农业与农副产业实现加工、交通、食宿、就业等环节的联动发展。“旅游+农业”模式是指通过旅游与农业相结合的方式对农业产品或旅游商品进行生产、销售等活动,使旅游从业人员、旅游者以及当地居民都能参与其中,感受农耕文化的魅力,摆脱以往单

一的旅游体验，真正解决“三农”问题。全域旅游不仅能够改善乡村生态环境、打造美丽乡村，也能促进城市文明和乡村文明共同发展，还能助推新型城镇化的发展，将旅游与城镇化有机结合，促进城镇基础设施建设和公共管理水平的提升，优化区域综合水平，丰富旅游产品业态及功能产业布局，依据区域资源发展代表性旅游产品，使区域内产品存在一定的差异性，突破旅游产品雷同等现状，进而吸引更多外来游客，提升地方经济和社会效益。

3. 大力发展全域旅游是增强我国旅游业国际竞争力的重要途径

我国拥有丰富的旅游资源和种类繁多的旅游产品，但整体水平较低，文化品位不高，难以满足广大旅游者的需求。全域旅游理念的提出，从理论研究到政策导向再到应用实践都取得了一定成果，旅游目的地要想让游客获得良好的旅游体验、实现旅游业的转型升级，就应该探索更多的实践模式，如龙头景区带动型、景区带村型、城市全域覆盖型等多种发展模式，但由于受地域狭小、旅游资源类型单一以及其他一些劣势条件的制约，目前我国还没有形成一批具有一定国际影响力和竞争力的旅游产品业态，难以满足国际市场对旅游的需求。所以，要想更好地提升国际旅游竞争力，就应该在全域旅游的实践探索中因地制宜、发掘特色，从粗放型向精细型转变，发挥旅游经济发展的整体效益，提高旅游服务产品与质量，开发高水平旅游产品，发挥顶层设计的作用，而不是盲从、粗暴地克隆。

4. 大力发展全域旅游产业，能够助推乡村振兴高质量发展

全域旅游就是要以旅游业为优势产业，促进区域资源有效整合、产业融合发展和社会共建共享，带动地方经济社会协调发展。当前我国已经全面建成小康社会，在此背景下，应当大力推进乡村振兴战略成为解决城乡二元结构问题和统筹城乡协调发展的重大举措。因此，全域旅游与乡村振兴有着天然的契合性。全域旅游与乡村振兴相辅相成，共同推进农村产业的升级，为乡村振兴提供强大动力。党中央、国务院对实施乡村振兴战略作出了总体部署，强调要发挥好新业态与自然资源等多重效益，大力弘扬中华优秀传统文化，推动旅游业

高质量发展。通过科学规划布局，将乡村资源和人文景观整合串联，发挥产品优势，形成规模效应。比如石泉县以“一心三区多点”布局，将中坝村、胜利村创建为全国乡村旅游重点村，串联县域8个AAAA级、AAA级景区，4个省级旅游特色名镇、8个省级乡村旅游示范村，全域突破、板块推进，打造集“山水洞峡瀑”“特色村镇城”于一体的生态旅游综合体。全域旅游与教育、健康产业融合，改变了过去的同质化倾向，形成乡村健康游、体验游、研学游等新项目。赣州市上犹县梅水乡、萍乡市湘东区麻山镇、抚州市乐安县、湖坪乡大湖坪村等红色研学游成为乡村游新业态，特色产品延伸产业链，助力乡村产业兴旺。在乡村振兴战略的实施中，全域旅游是一个重要引爆点，应当以区域内资源整合、产业融合发展、城乡环境优美、全民共建共享为主线，以全域旅游协调区域经济社会发展为抓手，夯实脱贫成果，变生态资源优势为产业发展优势。

5. 大力发展全域旅游是旅游业贯彻落实新发展理念的重要体现

发展全域旅游是贯彻旅游新发展理念的重要表现，也是一种新的发展导向和发展道路，其意义就在于以更高的起点开创中国旅游发展之局。从创新发展的角度来看，全域旅游不仅是旅游模式与旅游理念上的革新，也是实现旅游产业转型升级与提质增效的有效途径。发展全域旅游需强化旅游业务开发能力，培育区域旅游增长极，构建旅游产业新体系。从协调发展的角度来看，为加快推进旅游业转型升级、区域创新协调发展，不同学者依据目的地旅游优势资源的特点进行取长补短和综合考量，用全域旅游的概念探究出了以红色旅游、休闲康养、“旅游+”和特色小镇等为主的全域旅游发展新模式，为促进供给侧结构性改革、推动经济高质量发展变革提供了根本遵循和发展依据，是从小旅游向大旅游转变、景点旅游向全域旅游转变、低层次旅游向高层次旅游转变的战略选择。但是一些地区在创建全域旅游工作的过程中一味地追求经济效益，没有考虑到当地政府、游客和居民的满意度和社会性诉求，在具体的推进过程中损害当地居民的利益和生存环境，投资者和当地居民存在明显冲突，未能实现多规合一。因此在全域旅游规划工作中应注重协调各部门之间的关系，提高当地居民和游客满意度，对目的地的旅游资源进行整体布局，对于基础设施要进行统筹规划，形成统一的协调系统，实现共建共享的全域旅游发展新格局。从绿色发展的角度来看，全域旅游的发展可以把生态和旅游结合起来，把生态环境的优势转化为旅游发展的优势，全域旅游可以把保护和发展统一起来，把绿水青山变成金山银山。从开放发展的角度来看，全域旅游更强调开放空间的扩大，突破区域划分和行政区划的限制，突破种种约束，走出一条全方位开放的道路，构建开放发展的大格局。从共享发展的角度来看，在国家政策的引导下，全域旅游成为旅游业最热门的研究话题，形成了以经济视角为主线，生态理念始终贯穿其中，研究的诉求从旅游消费者个人喜好转向社区居民和旅游者共建共享。促进城乡旅游互动，统筹城乡发展，不仅可以带动广大农村地区的基础设施投资，提高农村人口的幸福感和归属感，而且改善和提高了当地居民的生活环境和生活质量，形成统一、高效、平等、有序的城乡旅游环境，这也是全面建成小康社会的重要内容和标志。改革开放后，我国经济呈现高速增长趋势，但与此同时，雾霾、水环境污染、空气污染等现象给社会资源环境带来了巨大压力，也倒逼生态文明建设和经济结构转型升级。旅游业作为三大产业中的朝阳产业，发展势头强劲，对文化和环境的促进作用日益明显，旅游业逐渐受到了国家各级党和政府的高度重视，其地位逐渐从国民经济发展的边缘走向核心。旅游无疑是大众休闲娱乐和常态化生活方式的标准配置。

1.3 全域旅游的特征

1.3.1 全域旅游的全局性

全域旅游是全局性旅游。一是旅游发展需要从全局性视角进行思考。在社会发展进入新时期后，旅游业已由传统的单一行业转变为旅游业与其他相关产业之间具有较强关联性和综合性的产业，其自然特征决定了它既要适应区域经济社会的发展要求，又要成为带动当地经济发展的重要引擎，同时也是实现经济发展模式由普惠民生向主导产业转变的重要途径之一。全域旅游发展是区域经济社会发展的重要组成部分，其发展战略应以发挥当地产业优势为基础，整合区域经济社会资源，实现旅游资源、交通、教育、医疗、文化、商业、金融、服务等各方面功能的有机结合，形成与之相适应的公共服务和体制机制，促进区域内自然环境的综合优化。从全局上看，各地区之间存在着不同程度的差异，这就决定了各地区在旅游发展要素方面也有各自的特点。二是表现为旅游发展理念的根本性变革。为提高旅游经济社会发展水平，全域旅游鲜明地提出要打破以单一景区建设为中心、观光旅游元素为主导的传统封闭式景区观光旅游发展理念，使之转变为传统“吃、住、行、游、购、娱”六要素和全新“商、养、学、闲、情、奇”六要素相融合，根据旅游目的地协调发展的整体理念，使旅游业由“一个部门单打独斗”向“全社会多部门有机配合”综合发展转变。三是体现在旅游发展的战略性视野。《“十四五”旅游业发展规划》中指出，要推动中国旅游业高质量发展，从旅游创新驱动发展、优化旅游空间布局、构建科学保护利用体系等方面入手，这就需要一个具有全局性的规划和旅游开发管理。全域旅游是指在资源配置、产业发展、市场结构、组织运行、制度安排、体制机制、基础设施、公共服务和保障措施等方面加以综合考量，建立出一个与旅游业发展特点相适应，能够同时满足产业发展复杂性要求的旅游开发管理体系。

1.3.2 全域旅游的空间性

全域旅游以空间性为主要特征。“域”作为旅游业发展的基本空间，它与旅游活动的异地性和流动性特征密切相关。封闭模式是我国旅游景区(点)的传统方式，它表现为空间开发局限如旅游者空间流畅性差，旅游要素渗透性弱等。在此背景下，迫切需要把旅游业延伸至区域范围内，让旅游要素、旅游产业、旅游基础设施和旅游管理的建设辐射至区域总体空间范围内，保障旅游空间的流动性，同时也应认识到全域旅游空间性质为区域发展划定了空间边界，应保证旅游业的发展不会突破地理范围内的区域经济发展，切忌盲目追求空间上的绝对平衡，导致区域经济增长收效甚微。

1.3.3 全域旅游的带动性

全域旅游带动性强。它通过“带动”其他相关行业和领域的发展来促进旅游业自身的发展,从而实现经济社会协调发展的目标。在中国经济进入新常态阶段后,如何发挥好旅游业的产业优势,提升自身的综合实力,已成为全社会关注的焦点问题之一。旅游业在发展过程中形成了具有创造性和创新性的发展理念及模式,这些理念及模式已渗透到各个行业领域之中,成为中国社会经济实现“创新、协调、绿色、开放、共享”新发展理念的重要载体。旅游业作为主导产业与核心动力,引领并推动着整个区域经济社会的改革创新与转型升级,其带动性既表现为产业经济带动性与社会文化带动性,也表现为多产业融合发展、社会治理方式与改革创新驱动。

1.3.4 全域旅游的整合性

全域旅游以整合性为主要特征。它是一种全新的发展模式,也是一个系统概念,其内涵主要包括整体性、开放性、关联性和融合性。“整合”是指在旅游开发过程中,通过各种方式和途径,使整个地区的社会经济资源得到合理配置。发展全域旅游,一是要整合本地区生产要素资源,发挥市场在资源配置中的决定性作用,实现资本、劳动力、土地、技术和信息等现代生产要素的整合,提高生产效率;二是要整合地区产业,发挥产业自身在旅游发展过程中的影响力,整合旅游资源和一二三产业,促进产业一体化发展;三是要有效整合地区社会管理要素,发挥政府在社会管理中的导向作用;四是要整合部门职能和体制机制;五是要整合政策法规和公共服务;六是要整合社会参与和管理效率。

1.3.5 全域旅游的共享性

全域旅游呈现出共享性特征。“共享”是指将旅游发展成果惠及广大人民群众,为此需要推动区域全城共建、主客共享,二者之间相辅相成、相互补充。近几年,随着中国旅游业的快速发展和国际地位的不断提升,我国对旅游业的资本投资回报要求越来越高,以实现企业利润最大化为目标。旅游发展带来的社会、经济、环境效益并未能让广大群众享用,甚至由于经济发展水平差异等原因,部分地区在追求旅游经济的增长时忽视了对资源环境的保护以及对生态文明的建设,导致生态环境遭到严重破坏。我国旅游业发展中存在着诸多问题,其中一个重要原因就是社会主体对旅游发展的认识不够全面、参与程度不高以及共享不足。全域旅游强调“共建共享、共同繁荣”，将全域旅游作为实现中国经济和社会发展振兴的战略目标之一，以满足广大人民群众对旅游发展的需求。

1.3.6 全域旅游的服务性

在全域旅游的建设工作当中，应以产品为王、服务为道，以提高游客满意度为主要目的。要想实现这一目标，就必须从供给侧结构性改革入手，通过创新驱动、产业融合、转型升级和提质增效，不断优化产业结构，促进经济发展方式转变。通过完善旅游基础设施和公共服务、加强景区景点建设、丰富旅游产品与服务要素等措施来构建全域旅游服务空间。同时要树立优质服务理念，把旅游业作为全社会提高服务水平的一个“窗口”来抓，努力为旅游者提供优质高效的服务。除了传统旅游服务外，还应注重现代信息化建设和智能服务终端的应用，使智能旅游服务产品深入游客的“吃、住、行、游、购、娱”等行为中去，给游客带来不一样的旅游体验，这是提高游客满意度的主要环节，也是以人为本思想的鲜明体现。

1.4 全域旅游的研究意义

1.4.1 理论意义

一是进一步丰富了全域旅游理论内涵。全域旅游研究集统计学、旅游学、经济学、地理学等学科相关理论，它所涉及的内容十分广泛，其中旅游系统理论和产业融合理论在全域旅游研究当中尤显重要。因此，从这个意义上讲，“全域旅游”是一种多学科交叉融合而成的全新理论，它既包含着区域旅游业自身的发展规律与特征，又涵盖了区域旅游产业间的相互关系及其作用机制，为构建全域旅游的理论体系提供了新的认识框架。从旅游经济发展水平、旅游产品供给、旅游产业融合和旅游管理水平 4 个维度，将精品民宿、康养基地、文化街区等业态纳入评价指标体系，丰富了全域旅游内涵、指标体系与内在机理研究。

二是解决了全域旅游带动区域协调发展的量化分析难题。本书运用统计学、经济学、物理学等跨学科交叉的研究方法，绘制全域旅游知识图谱结构，建立耦合协调模型，构建全域旅游评价指标体系，使评估和研究变得更具有可操作性。定量分析方法与经验判断等定性分析方法相结合，为交叉验证江西省旅游业提供技术支持。

1.4.2　实践意义

本书拟突破全域旅游高质量发展困境（协调机制不顺畅、要素融合不深入、产业链条不完善等问题），解构全域旅游发展各要素之间的因果关系，更为客观、科学、动态地表达全域旅游发展演变机理，提出全域旅游发展模式与措施，为旅游供给侧结构性改革提供决策参考。在实践研究方面，本书所选研究区域是国家（省）级全域旅游示范区，具有典型性和代表性，使得研究结果对其他县（市、区）全域旅游发展，以及实现旅游高质量发展更具有指导意义和借鉴价值。此外，本书通过树立新的资源观、产品观、市场观，根据评价结果总结提炼了5种全域旅游发展模式，不仅适用于江西省及各地市的全域旅游发展，对其他同类型区域也具有一定的参考价值。

1.5　全域旅游的研究内容

本书研究内容由9章组成。第1章为绪论，主要阐述了本书的选题研究背景、发展意义，分析了全域旅游的特征，阐述了开展研究工作的理论意义、实践意义和所采用的方法。第2章是国内外研究进展与理论基础，主要借鉴国外其他国家的全域旅游典型案例进行参考。此外，还从全域旅游的概念和内涵、全域旅游研究发展趋势和研究热点、全域旅游国家扶持现状、全域旅游未来研究发展趋势和展望等方面回顾了我国全域旅游相关研究。第3章为全域旅游发展水平评价的总体框架，重点通过系统地梳理全域旅游、全域旅游发展水平、全域旅游发展模式的相关概念及其内涵，基于复杂系统理论，厘清全域旅游发展水平评估的内容，从旅游贡献、旅游要素供给、旅游业态融合和旅游管理支持4

个维度构建科学的全域旅游发展水平评估体系，选择合适的全域旅游发展水平评估方法，形成全域旅游发展水平评估的一般流程，从而构建全域旅游发展水平评估的一般框架。第 4 章是江西省全域旅游发展现状，研究运用耦合协调模型，选取 20 个反映旅游产业与经济发展水平的指标，对 2020 年江西 11 个设区市旅游产业与区域经济间协调有序发展状况进行定量分析，同时采用变差系数（*CV*）、基尼系数（*G*）、首位度（*S*）、赫芬达尔系数（*Hn*）4 个指标，计算江西 11 个地市景区的丰度，并分析了江西省旅游业发展的历程、阶段划分和特点，以及江西省全域旅游的发展现状。第 5 章为江西省全域旅游开发水平评价及其影响因素研究，采用综合开发评价模型对江西省全域旅游开发进行分析，并采用灰色预测系统分析江西省全域旅游开发的影响要素，明确旅游经济发展、旅游供给产品开发、旅游产业融合和旅游管理水平等方面对江西省全域旅游开发的促进作用。第 6 章为国内外全域旅游发展典型实例，在国外选择了瑞士与法国 2 个具有代表性的旅游实例，在国内选择了贵州花溪与山东青州 2 个旅游实例的发展模式作为参考。第 7 章为江西省区域旅游可持续发展模式建构，重点对江西省区域旅游可持续增长模式提出 5 种类型，并对各发展模式中具有代表性的地市进行深度剖析。第 8 章为重点探讨江西省发展全域旅游的保障对策，并在创新体制机制、完善政策制度、完善基础设施和加强信息支撑方面提出相关改革策略。第 9 章为研究结论和展望部分，主要通过本章的综述，归纳和提炼出本书的主要论点，从理论基础、技术方法和研究手段 3 个层面对未来全域旅游高质量发展相关研究中需要进一步完善的地方进行了展望。

1.6 全域旅游的研究方法

从研究目标与研究内容来看，本书使用的研究方法有：

一是理论研究和实证研究相结合。本书通过对全域旅游理论的研究，并借鉴旅游学相关的各种理论，从综合集成观察视角出发，对全域旅游发展水平评价的概念、内涵、组成等基础理论问题作了进一步剖析，从而形成了一个科学、合理的全域旅游发展水平评价理论框架。本书以理论分析为基础，以省级全域旅游示范区创建单位江西省为例进行了实证分析，提出了江西省全域旅游发展水平模型。

二是定量分析和定性分析相结合。定量分析与定性分析是在实证研究阶段采取的2种方法。它主要用于衡量全域旅游发展水平与构建全域旅游发展模式，具体地说是对全域旅游发展水平进行评价模型建立、数据收集、相关指标选择、数值计算与综合评价，其中涉及耦合协调模型、熵权TOPSIS综合评价法以及灰色关联分析法3种计量分析方法。

三是文献查阅和实地调研相结合。本文在查阅国内外期刊、书籍和互联网检索的基础上，整理、分析了有关全域旅游研究的文献，并建立了理论分析框架。同时在江西省开展实地调研，全面掌握了江西省全域旅游发展的一手数据，使研究成果更加精准实用。

四是综合归纳与比较论证相结合。本文采用比较论证分析手段对江西省旅游发展阶段作了来自全国至地方各个尺度上的比较分析，并对研究地区所处的特定旅游发展阶段作出了精确定位。通过对比论证，以综合的思维方式对全域旅游可持续发展驱动因素进行了剖析。

第2章

全域旅游的国内外研究进展

2.1 全域旅游的国内研究进展

国内全域旅游发展起步于21世纪初期，学术界随之展开研究，成果数量逐年递增。随着人们旅游消费理念的逐渐转变和全域旅游的不断发展，其研究内容日渐丰富，研究主题也不断深入。虽然在不同时期，都有学者对全域旅游的相关研究进行文献综述，梳理全域旅游基本概念（厉新建，2013；张辉、岳燕祥和杨振之等，2016）、发展特点（厉新建，2016；蒙欣欣，2016）及其他热点研究（樊文斌，2011；吕俊芳，2014；曾祥辉，2015；王磊、刘家明，2016；刘楝子，2017；崔昕，2020）等，但这方面文献数量庞大，大多使用定性分析方法，难免存在一定的主观性和局限性。CiteSpace作为一种常用的知识图谱工具，可以将海量文献数据进行可视多维化表达。目前，多个领域涉及CiteSpace软件的应用，包括军事心理学（辛伟等，2014）、海洋经济（韩增林等，2016）、传统村落（李伯华等，2017）、乡村旅游（安传艳等，2018）、国际土壤质量（李彬彬等，2017）和人工智能大数据（任利强等，2018）等方面的分析研究，但全域旅游研究中鲜见使用。鉴于此，本章借助CiteSpace对2011—2021年全域旅游研究文献进行分析、挖掘，绘制出清晰的全域旅游知识图谱结构，梳理该领域热点问题、研究内容、演变特征等，以期能对后续研究提供有价值的理论依据和经验借鉴。

2.1.1　研究方法和数据来源

1. 研究方法

CiteSpace 软件是由陈超美教授在 Java 语言环境的基础上开发的可以生成多种丰富图谱的可视化分析软件。科学知识图谱是以知识域为对象，显示科学知识的发展进程与结构关系的一种图像。通过该软件的科研合作网络、共现分析和耦合等功能，绘制出该学科领域的科学知识图谱，通过节点的数量与大小、连线数量、引文年环和聚类情况等，形象地将学科研究前沿、重点知识、结构关系和热点话题等问题展现出来。本章借助 CiteSpace 软件生成的可视化分析图谱，数据选择阈值为 Top 50 per slice，时间跨度选定为 2011—2021 年（Years per slice = 1），进而对全域旅游研究数据进行多维度的探索。

2. 数据来源及概念界定

为力求“全面化”体现，笔者以中国知网作为数据来源，以“全域旅游”为篇名进行高级检索（2011 年 1 月 1 日至 2021 年 1 月 1 日），共获得 6369 条搜寻记录。为进一步保证数据结果的精准性和权威性，对每条记录进行人工审查和复检，剔除了国际会议论文、会议记录、年鉴、宣传报道等无关文献，共获得有效中文文献 4108 篇，随后将所有文献信息导入 CiteSpace 后进行处理分析。

国内学者从不同角度对全域旅游概念的内涵进行了阐述，例如厉新建等（2013）提出“四新”“八全”的全域旅游核心概念观。张辉等（2016）认为对于全域旅游的核心概念不应该从“全”来认知，而应该从“域”的角度来理解。杨振之（2016）认为全域旅游的核心内涵是通过体现目的地的资源优势来提高区域旅游的竞争力。吴海燕（2018）认为智慧旅游对全域旅游公共服务和行业监管能力的提高起到了促进作用，推动“旅游+”的融合，实现旅游功能的高效精细型转变。2016 年，原国家旅游局指出，全域旅游是以旅游业带动和促进经济社会协调发展的一种新的区域协调发展理念和模式，此概念获得众多学者认同。

2.1.2 研究结果分析

1. 核心发文量变动时序分析

对核心文献数量的分析，能进一步反映出国内全域旅游研究水平的高低，这也是体现本学科研究热点、发展方向、权威性评价的定量化依据。本章以全域旅游为研究主体，以中国知网检索的数据为支撑，检索策略为“篇名=全域旅游”，将时间切片设置为2011年至2021年，经高级检索得出196篇核心文献。根据核心期刊的发文情况来看，国内全域旅游发文数量稳步增加，特别是从2015年开始显著增加，全域旅游的核心研究文献显现出稳定增长趋势。依据分析，可将全域旅游研究分为3个阶段（如图2-1所示）：2011—2012年未见发表核心文献，学界较少关注全域旅游。2013—2015年为萌芽阶段，这一时期，学者大多停留在对“全域旅游”字面含义的理解上，并未对其发展模式的结构关系、扩展性、实践性等方面进行有效的判识。2016—2018年为高速发展阶段，源于2016年原国家旅游局提出要将以往割裂式的景区景点向全域旅游发展的新态势，这也标志着我国进入全新的旅游发展阶段。这个时期的核心发文量增速加快，最高峰值是2018年的51篇，说明越来越多的学者开始重视对全域旅游的研究。研究焦点侧重于探讨全域旅游的内涵理念、实现路径、实践与理论相结合等多方面。2019年至今为平稳发展阶段，即进入研究的稳定期。这个时期国内全域旅游发展迅猛，全域旅游研究的主体不再局限于概念问题上的争执和旅游资源的挖掘等传统问题，学者开始对全域旅游政策创新、顶层设计、相互协调和融合发展等问题进行深入研究，为之后学者的研究奠定了基础。

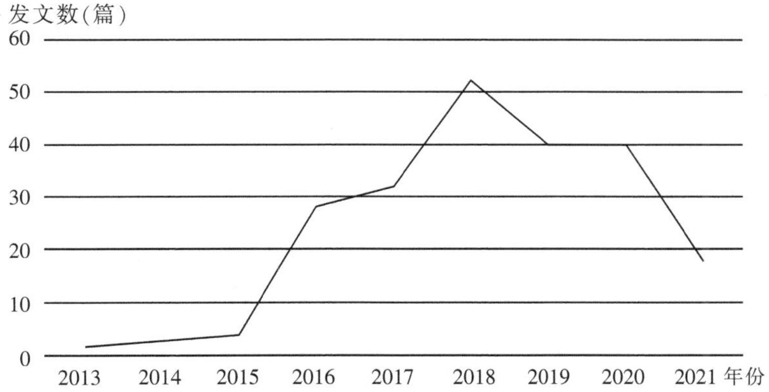

图 2-1　核心文献量变动时序

2. 发文作者及合作网络分析

通过 CiteSpace 作者共线分析，能够识别出一个学科或领域的各学科作者之间的研究合作程度和互引关系。在 CiteSpace 主面板上将设置类型选定为作者，时间分区设置为 1 年，同时为了使文献作者分析结果更为精简，将阈值设置为 Top 50，从而得出各作者之间的合作关系及其联系密度。节点数量的大小、节点数量的粗细与各作者之间的共现频次、核心作者群的合作关系及相互认可程度有关。从图 2-2 可见，作者群的相互关系中共有 318 个节点和 129 个链接，网络密度为 0.0026。从合作网络来看，国内全域旅游研究呈现出小集中、大分散的特点，如王英、唐云和徐鲲作者形成了紧密联系的学术团体，邓国超、姚远、奚晓阳等作者形成了团体群簇态势，这表明全域旅游学术研究已经形成一批学术团队，也基本形成稳定的核心作者群。从连线情况来看，三三两两合作的学者也较多，大部分为同一个单位，现有的合作关系相对紧密。其他作者之间的关联度比较低，关系相对比较松散，更倾向于独立研究。从未来视角看，对于该领域的研究，应加强全域旅游领域研究团体的合作强度，实现资源共享。

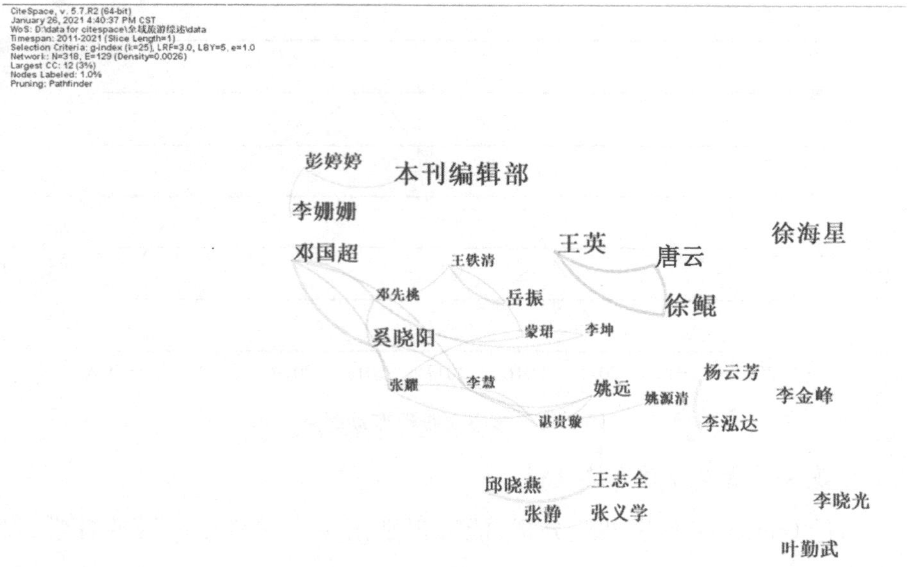

图 2-2　全域旅游笔者合作网络共线图

3. 文献发文机构与基金支持分析

对检索到的 4108 篇全域旅游文献,通过 CiteSpace 软件中的发文机构进行分析,可以了解到发文机构在全域旅游研究中发挥的作用与作出的贡献。根据图 2-3 所示,全域旅游研究主要集中在一些杂志社和高等院校等机构(图 2-3)。发文量排名前三的分别是当代贵州杂志、《小康》杂志和桂林理工大学,其中当代贵州杂志以发表 64 篇论文而位居榜首,远超其他研究机构。其他机构发文数量趋于平稳,没有太大的变动。为进一步体现全域旅游发展的重要性,国内各类基金对全域旅游的研究提供了支持,具体如图 2-4 所示,国家社会科学基金和国家自然科学基金的占比超过 10%,分别为 19. 59%和 16. 37%,其次是各省对该领域的支持。该数据说明国家十分重视全域旅游发展和研究,并为推动供给侧结构性改革、促进旅游业转型升级和提升旅游城市竞争力投入了较多的财力并发挥了重要的作用。

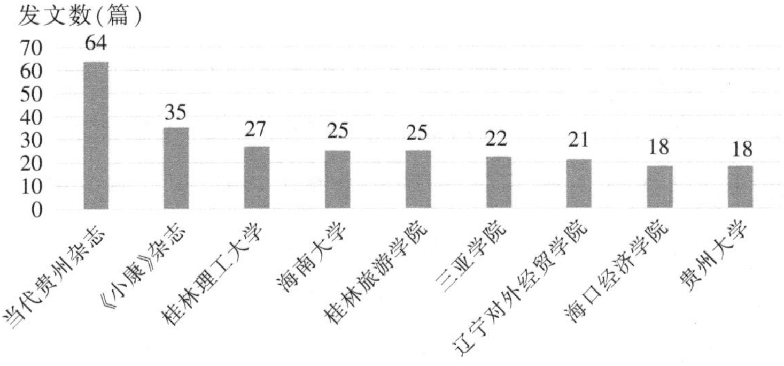

图 2-3　全域旅游发文机构及发文数量

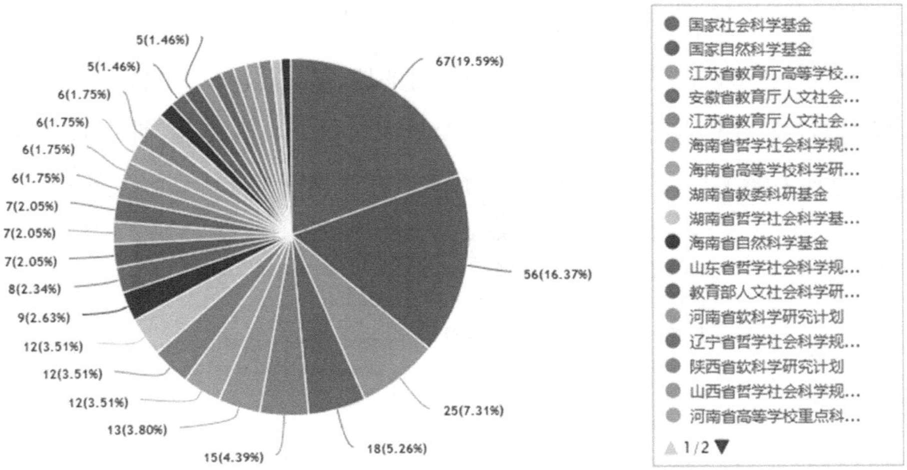

图 2-4　全域旅游研究文献基金支持对比

4. 关键词分析

(1)阶段性前沿研究领域分析

关键词突现度可以反映该领域研究在一定时期内的总体方向变化。如图 2-5 所示,共有 15 个突现关键词,其中排在前十的分别是旅游经济、全域旅游发展、旅游圈、海洋体育旅游、准自然实验、全域化、景区景点、旅游目的地、国家旅游局和对策建议。从时间序列上看,2016 年以前的突现关键词有旅游经济、全域旅游发展、旅游圈、海洋体育旅游、准自然实验和全域化,这是由于 2011 年首次提出了全域旅游发展理念，此后，全域旅游才出现了许多研究热点。2011—2013 年，学者对于全域旅游的研究主要停留在概念的理解和讨论上，2013 年以后，学者更多地关注全域旅游的概念界定、理论特征等，并出现了很多分支研究热点。2016 年起，全域旅游呈爆发式发展，研究热点丰富起来。景区景点、旅游目的地、国家旅游局、对策建议、乡村振兴、创新、特色小镇、研究和问题也是学者重点关注的内容。从关键词的突现度和时间节点来看，我国的全域旅游发展紧跟国家政策导向，具有明显的引领作用。从影响周期来看，大多数领域周期停留在 1—2 年，“旅游经济”和“全域旅游发展”领域周期最长（5 年），“旅游圈”“海洋体育旅游”和“准自然实验”为 4 年。2016 年以后，随着国家政策导向和游客消费需求的转变，旅游目的地、国家旅游局、乡村振兴和创新等成为学者研究热点问题。由此可见，全域旅游研究不断完善，研究范围不断扩大，全域旅游本身具有强大的生命力，其研究也具有十分重要的意义和价值。

Keywords	Year	Strength	Begin	End	2011 — 2021
旅游经济	2011	3.48	**2011**	2016	
全域旅游发展	2011	3.48	**2011**	2016	
旅游圈	2011	3.17	**2011**	2015	
海洋体育旅游	2011	3.17	**2011**	2015	
准自然实验	2011	3.17	**2011**	2015	
全域化	2011	3.37	**2015**	2016	
景区景点	2011	2.53	**2015**	2017	
旅游目的地	2011	4.96	**2016**	2017	
国家旅游局	2011	3.09	**2016**	2017	
对策建议	2011	2.74	**2016**	2017	
乡村振兴	2011	4.97	**2018**	2019	
创新	2011	2.87	**2018**	2019	
特色小镇	2011	2.8	**2018**	2019	
研究	2011	2.65	**2018**	2019	
问题	2011	2.62	**2018**	2019	

图 2-5　2011—2021 年前 15 个突现关键词

（2）文献关键词共现分析

为进一步掌握该领域的发展重点，本章继续使用 CiteSpace 软件对全域旅游的关键词进行聚类，得到 7 个分组。具体如图 2-6 所示，这 7 个分组依次为旅游业、精准扶贫、旅游业、旅游产业、乡村旅游、体育旅游和旅游产业发展，全面体现了该领域目前研究的重点。结合文献情况，可将 7 个聚类归纳为 3 种类型：

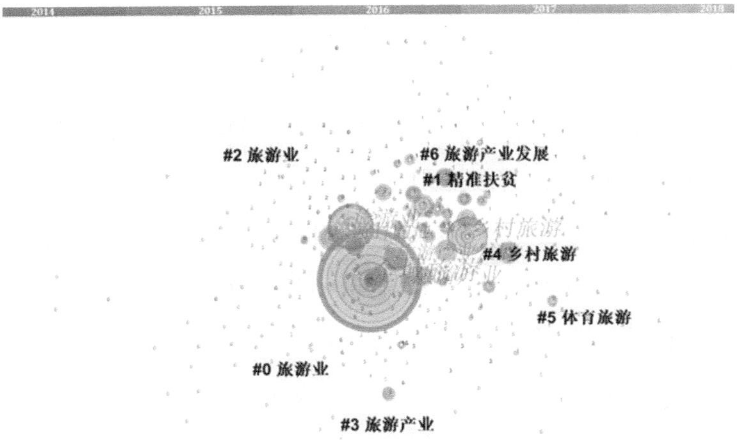

图 2-6　全域旅游关键词共线聚类图谱

一是旅游业的开发与管理。旅游业作为世界上增长最快的“朝阳产业”，能够满足人们日益增长的物质和文化需求。目前，旅游业的发展更加注重丰富优质旅游产品供给，创新旅游产品体系，不断挖掘特色旅游资源。从学者研究现状可以看出：红色旅游、生态旅游、传统文化旅游、研学旅游、康养旅游、城市旅游等是未来全域旅游的发展方向；健全公共设施网络建设，加速旅游公共设施提升改造，建设现代化旅游综合服务设施，打造主客共享的设施网络新空间，也成为新时代国内全域旅游研究新热点；提升全域旅游公共服务效能，推动图书馆、文化馆、博物馆等多业融合，充分发挥顶层设计功能，实行免费或低门票开放格局，推进基层公共服务设施建设，提升全域旅游公共服务水平，实现全域旅游公共服务体系均质化等将成为国内全域旅游研究新方向。

二是全域旅游助推乡村振兴高质量发展。乡村振兴是实现中华民族强起来的基础工程，是实现国家稳定和长远发展的重大战略。“十三五”时期以来，全国数万个贫困地区通过旅游实现了脱贫，旅游扶贫效果显著，达到了旅游富民的目的。全域旅游作为推动乡村振兴的重要抓手和突破口,可促进乡村产业、人才、文化、组织、生态多方面的发展,尤其在"农业+旅游"方面,不仅可以满足大众多元化的旅游需求,也可以进一步提高当地经济发展水平,改善当地居民的居住环境。因此,全域旅游作为推动乡村振兴的有力抓手也将成为研究者关注的一个热点。

三是旅游产业的多元化发展。全域旅游推动旅游产业融合发展。比如,乡村旅游作为全域旅游产品的有效载体,不仅丰富了全域旅游的产品业态,而且能推动乡村产业、基础设施、人才培养朝着高质量发展;体育旅游既可达到游客强身健体的目的,又能促进体育产业与风景奇观的深度融合发展;等等。因此,旅游产业覆盖多个层面,是全域旅游的质量体现,具有不可限量的开发价值,发展全域旅游不仅可以丰富旅游产品业态,也是旅游产业更新迭代的需求。

2.1.3 研究趋势预测

根据全域旅游的国内研究现状以及近三年的研究热点,未来的全域旅游研究应关注以下几个方面:

第一,全域旅游基本概念的界定和理论内容研究的深化。当前,由于国内研究者的社会文化背景不同,其对全域旅游等基本概念内涵的理解也不同,给该领域的学术交流和研究带来了一定障碍。比如,对全域旅游概念的理解有太强烈的意识建构,会导致学者对全域旅游的概念存在不同的看法。也有一些学者只是从微观角度去解释全域旅游的概念,范围太小并且不具有代表性。这样对于全域旅游概念的理解就显得过于单一,并且直接影响着全域旅游发展的价值取向和发展方向。新型全域旅游的模式与传统大旅游、泛旅游存在着本质差别,对于全域旅游理解不能望文生义,更不能只针对旅游目的地和优质旅游资源地区进行随意定义。2016 年以来,我国全域旅游研究已经取得一些研究成果,部分学者根据自己的理解也阐述了对全域旅游研究的看法,而且有其合理性,总体上是以旅游业为优势产业,从而提升本地区的旅游竞争力,促进经济高质量发展。此外,结合地区资源特点,不同学者也对全域旅游的理论研究从不同视角和层次进行了深入分析。总之,对于全域旅游基本概念的界定和理论研究的深化,应立足于我国旅游现实情况,落实相关具体工作,引导行业认同。

第二,全域旅游的发展路径与模式归纳及总结。随着理论研究的逐渐成熟,全域旅游的发展路径与模式也受到了学者的格外重视。相比较之前的景点旅游(二元割裂式发展),有学者认为全域旅游就是打造全区域整体观光景区,可以增加游客在目的地的逗留时间和重游率。也有学者认为全域旅游就是“旅游+综合景区”,应充分挖掘可利用旅游资源,将其他各类行业的资源转换成吸引力。目前,全域旅游已经形成龙头景区带动型、城市全域辐射型、全域景区发展型、特色资源驱动型、产业深度融合型 5 种发展模式。为了更好地贯彻新发展理念,还应对全域旅游的模式类型、实践路径、具体案例进行更深入的探索,以促进经济社会高质量发展。

第三,全域旅游体系的实践探索。随着全域旅游理念的日渐成熟,很多学者也开始关注应用实践方面的问题,出现了从国家全域旅游到县域全域旅游再到乡村全域旅游等多视角转向。为全面完善现代旅游业体系,实现旅游业转型升级,满足旅游者多方位需求,全域旅游的实践内容也越来越多样化。随着运营、管理和服务等产品体系的升级,智慧旅游逐步融入了旅游者的食、住、行、游、购、娱等方面,为游客带来不同的旅游感受,旅游目的地也可依据客流量进行智能化管理,推进旅游目的地持续健康有序发展。2021 年是“十四五”开局之年,也是建党 100 周年,越来越多的游客通过探访红色革命纪念地来接受红色文化熏陶,红色旅游作为传承弘扬红色文化的重要载体,丰富了旅游者精神生活。如何在保护文物资源的基础上开发有特色、有文化的红色旅游资源,将成为研究者进一步讨论的话题。完善公共服务设施、提升旅游服务质量也将成为需要持续关注的话题。提升公共基础设施设备、提高公共服务质量等对增强旅游市场整体吸引力,为游客提供更加精准、精细的服务奠定了重要基础。因此,为了更好地提升地区竞争力,为游客提供多样化的旅游产品业态,应开发本地区的独特产品,充分发挥顶层设计等功能,不可盲目跟风、简单复制。

第四，创新型差异化的发展战略研究。自 2015 年提出全域旅游以来，在全国掀起了一阵全域旅游研究的热潮，主要围绕全域旅游的背景意义、基础理论、研究路径和目标实现等内容展开。为进一步促进区域协调性发展、实现旅游产业提质增效，不同学者也依据目的地旅游优势资源特点进行取长补短和综合考量，探索出了以红色旅游、休闲康养、特色小镇等为主的全域旅游发展新模式，为推动旅游高质量发展提供了新样板。但是，一些地区在发展全域旅游过程中一味地追求经济效益，没有考虑当地政府、游客和居民的满意度和社会性诉求，损害了当地居民的利益和生存环境，导致投资者和当地居民存在明显冲突。此外，研究者大都在国家相关部门发布的有关全域旅游的政策下进行研究和实践活动，这种固定趋同的思维模式，也造成全域旅游产品趋于雷同，严重制约了研究者思维的发散，使得全域旅游陷入了难以实现创新发展的困境。旅游属于无边界联动性产业，关联度强，带动性高，涉及面广。因此，全域旅游的发展必须避免“模式化发展”，应根据全域旅游的特点因地制宜、因势利导、因时制宜去制定全域旅游发展战略总体规划。在后续全域旅游发展中，各区域应该探索适合自己的全域旅游发展路径，做高发展位势，打破部门利益固化，协调各部门之间的关系，提高当地居民和游客的满意度，对目的地旅游资源进行整体布局，做强发展基础，形成统一的协调系统。

第五，多学科与各研究机构的交流和碰撞。作为新时代条件下的旅游发展理念，全域旅游越来越引起国内学者的关注。政府相关部门必须坚持从问题导向出发，鼓励从事全域旅游工作的学者和专家多参与学术探讨和研究，或者邀请如计算机学、经济学和政治学等其他学科领域的研究者介入，才可以不断摸索出全域旅游发展的新理念和新模式。同时，各研究机构应对全域旅游实践工作展开多方位探索，如全域旅游的旅游经济空间模式、全域旅游视角下的文明旅游路径模式等。总体来说，研究机构之间加强沟通与合作，通过多学科的思维碰撞，更容易贯彻新发展理念，探索新发展模式，不断创新实践方向，从而提升国内旅游业的可持续发展能力。

2.1.4　研究结论与展望

通过采用 CiteSpace 软件，本章对 2011—2021 年全域旅游的发文数量、发文作者、发文机构和关键词聚类等进行了一系列分析，探讨了全域旅游发展阶段的研究动向和热点问题，根据研究结果显示：从发文时间来看，我国全域旅游研究发文数量逐年增加，并经历了萌芽阶段、高速发展阶段和平稳发展阶段 3 个阶段，而且发文量从 2016 年开始明显增加。从发文作者来看，邓国超、奚晓阳、本刊编辑部、徐鲲、张耀、李慧和唐云等人是全域旅游研究领域的核心人物。从合作网络来看，各团队之间由于存在一定的学科背景差异，合作强度较弱。从发文机构来看，全域旅游研究主要集中在一些杂志社和高等院校等机构，其中当代贵州杂志发文最多，其次是《小康》杂志、桂林理工大学、海南大学和桂林旅游学院等。从基金支持看，国家社会科学基金和国家自然科学基金占比较大，其次是各省级和一些高等院校对该领域的支持。从关键词共现分析来看，"特色小镇""智慧旅游""乡村振兴""旅游扶贫""可持续发展"等是近年来全域旅游研究中的高频关键词。

综上所述，全域旅游无论是在理论上还是在实践中，还有待更系统、更深入地研究，对全域旅游相关概念的解读应注重将旅游发展与全面深化改革有机结合。目前，在全域旅游研究方法上，定性分析和定量分析的使用方法存在一定的偏差，大部分还是采取定性研究的方法，在热点跟踪、方向把控和演进规律等方面不免会存在一些局限性。随着全域旅游研究的深入，其研究方法也需要进行一定的转变与创新。CiteSpace 作为一种文献数据的挖掘、分析、计量和图形绘制的可视化分析程序，通过一些实证技术，如数理模型、定量分析工具等定量研究的方法，可以进一步提高研究结果的客观准确性。但是，CiteSpace 虽然是较专业的知识图谱绘制工具，在图谱过程中出现的误读、错读等问题难免会在一定程度上影响数据结果。因此，在后续 CiteSpace 方法运用工作中，应加强图谱解读工作的专业化和规范性。

2.2 全域旅游的国外研究进展

关于“全域旅游”一词，国外没有直接概念，全域旅游是我国的本土概念。全域旅游是我国迈入新时代，顺应时代潮流发展和符合我国国情现状发展的新发展理念。“全域旅游”这一发展理念与我国政策关联性较为紧密，是一种政府占主导型的旅游发展模式，因此，在国外市场占主导性的旅游发展中，并未明确提出“全域旅游”这一发展模式。

国外对旅游的相关研究早于我国，且研究也较为成熟，在全域旅游发展的大趋势下，虽然没有正式提及全域旅游这一概念，但是也有一部分与全域旅游相契合的理念以及发展案例产生，这些国外研究进展能进一步丰富与完善我国的全域旅游理论研究，也对我国全域旅游的实践研究具有一定参考作用。此外，通过国外学者的研究表明，全域旅游的发展不仅需要空间上的资源整合，更需要内部更深层次的产业之间的融合，全域旅游是旅游产业发展到较高等级阶段的必经之路。通过对发达国家的旅游发展模式进行分析，可以对我国全域旅游高质量发展提供一些理论意义和经验借鉴。

1. 国外全域旅游相关理论研究

国外学者对于全域旅游这个概念还比较陌生，但随着旅游产业的蓬勃发展，也相应产生了与全域旅游发展理念相似的思想与观点。

在旅游目的地研究方面。美国学者 Gunn(1972)最早在其著作中提到了“目的地地带”这个概念，随后英国学者 Dimitrios Buhalis(2000)在 Gunn 的研究成果上，提出旅游地应该具有明确的地理区位并能为游客提供完整的旅游体验，还进一步明确了旅游目的地的定义，即旅游目的是一个具备营销与规划功能，并具有法律框架的实体。此外，随着旅游业的发展，外国学者对旅游目的地的研究领域不断扩大，涵盖了旅游目的地营销、旅游目的地管理等方面的内容。例如，澳大利亚学者 Weaver(2000)进行了旅游目的地发展研究，并根据强度和规章两个变量，构建了旅游目的地发展模型。他曾就如何提高旅游目的地的营销效果进行了实证研究，认为将游客纳入旅游目的地的计划中的方式，不仅能提高旅游目的地对旅游者的吸引力，还能起到一定的营销作用。美国学者 Hartwell(2016)通过对旅游目的地社区的调查，认为通过开展多元化的旅游活动，可以促进目的地的可持续发展，通过不断完善目的地社区的建设，能提高社区居民的幸福感，激发社区居民对目的地市场的积极参与，从而利于旅游地形成一个良好的社区旅游环境和管理秩序。这些观点都体现了全域旅游最鲜明的特征，即将一个区域作为整体进行整体规划、统筹管理、营销推广，最终打造成一个功能完整的旅游目的地。

在区域旅游研究方面。学者 Zoran Klaric(1992)将旅游区分为行政旅游区、特色旅游区、跨区域旅游区，这是国外首次对旅游区域进行探讨。不同区域的划分体现了基于区域的全域旅游发展思路。Cevat Tosun(1998)等人提出了区域旅游的框架与模式。Dadaism Kittiwake(2006)深入研究了区域旅游和综合旅游的差异，进而指出在旅游发展中应当整合区域内的各种旅游资源，加强各利益主体间的协同合作。全域旅游发展强调把整个区域建成一个旅游区，通过整合区域内的相关资源，推动旅游区域化发展，实现旅游要素的聚集，实现旅游整体功能的最大化。

在旅游全局性发展研究方面。意大利学者 Brog(1996)认为旅游是需要把旅游的所有要素联合起来，而非单独的产品。Porter(2002)认为由于旅游产业实力的增强，能吸纳与聚合其周围的各种旅游资源，发挥联动效应，从而提升旅游产业的竞争力。Catia Jesus(2016)认为旅游业合作发展的战略方向，是全球经济一体化和竞争体制下的明智出路。这些观点都蕴含了全域旅游的内涵，体现了全域旅游的全局性特点，即在新的社会发展时期，旅游业不再是单一产业的发展，而是要联动各种旅游发展要素，由单一产业的发展转变为全社会多部门的协同发展。

在旅游可持续发展研究方面。Juan Manel(1999)等人指出，可持续发展的核心是从区域文化、社会、经济、环境等方面进行可持续发展，这些宏观层面的战略是旅游业实现可持续发展的关键。Leida Mercado 和 James P. Lassoiev(2002)认为保护自然环境是维持旅游业可持续发展的重要条件。Salazar 和 Maedeh(2011)探讨了在可持续发展的基础上,通过合理的资源配置,可以更好地实现生态旅游和绿色旅游的可持续发展。Adriana Budeanu(2016)认为,要推动大型旅游目的地可持续发展,必须从社区利益、环境安全、政治文化等多个角度来进行思考。这些观点进一步阐述了全域旅游的发展内涵。从全域旅游的视角,旅游目的地的可持续性发展指的保护资源与环境的能力。全域旅游注重生活质量的提升、生态环境的保护、资源的永续利用、社会和谐共生等内容。

在旅游城镇化研究方面。Mullins(1991)最早明确提出"旅游城镇化"的概念,他认为旅游城镇是为消费而建立的。Patrick Mullins(2018)指出早期的旅游模式消费功能太过于简单导致旅游业发展缓慢,取而代之的将会是近年来全新城市化形式的旅游发展模式,他将这种模式定义为旅游城镇化。旅游业引导的新型城镇化,重视在城镇发展中,发挥旅游业的主导作用,将本地特色融入旅游业中,从而吸引游客前来。旅游城镇化的发展模式体现了旅游业带动性强的特点,即在有优势的地区以旅游业为主体、整合旅游资源、通过旅游业的强大联动作用,带动第一二三产业共同发展,促进社会经济发展,增强各产业对剩余劳动力的吸纳能力,从而促进城镇化发展。

在旅游发展模式研究方面。Nigel walford(2001)通过调查得出,核心景区对周边地区的旅游拉动效应非常明显。以各大主要乡村为核心,以不同的特色吸引游客,能带动周边村庄共同发展。Nestorosk(2012)提出,在北马其顿共和国的旅游业发展模式演化过程中,未来的发展潜力及未来的发展规划,都与过去的产品营销、理念推广、环境保护、政策扶持等因素密切相关。Gaztner(2019)提出旅游业发展模式不能脱离区域自身的发展条件,要结合所有资源,分析优劣势,制订符合自身发展条件的最佳旅游规划,可以创新旅游产品,创新旅游模式,形成区域特色。全域旅游的发展,需要根据当地地区进行合理的规划,需要合理考虑自身环境。

2. 国外全域旅游发展模式的应用

目前国外对于全域旅游的相关理论较少，但已有很多符合全域旅游理念的发展案例。例如法国的乡村一体化旅游，新加坡的全景式花园打造，意大利体验型、主题化的旅游活动，日本通过观光立国战略来实施旅游振兴计划，瑞士完善的公共服务及配套设施，等等。这些国外的旅游发展虽然没有提及全域旅游的概念，但在其旅游发展实践中都体现出了全域旅游的相关理念，可以为我国全域旅游的实践发展提供良好的经验。

2.2.1　一体化发展的乡村旅游

作为世界较早发展旅游业的国家之一，法国的旅游业经过多年的发展，现已进入高度发达、成熟的阶段，在世界旅游业中遥遥领先。法国的全域旅游特征主要体现在其乡村旅游一体化发展上。法国的乡村旅游起源于“乡村衰落”，经过五十多年的发展，法国乡村旅游已经形成了完善的发展模式，主要体现在以下几个方面：

首先，为游客提供的旅游产品涉及美食、住宿、餐饮、交通、休闲、购物、学习等多种旅游构成要素，涵盖了旅游者到乡村开展旅游活动所需要的各个方面。具体而言，一是注重旅游交通的通达性。法国政府在交通建设上投入了大量的资金，交通网覆盖整个法国，即使是在偏远的乡村，游客也可以通过车辆到达。二是在餐饮方面，强调要为游客提供绿色、安全、营养、健康的有机产品。要求食材必须出自当地农场，使用当地的烹调法，呈现本地乡土特色。三是在住宿方面，包括乡村别墅、帐篷、旅行挂车、连锁酒店、独立酒店等多种住宿形式。此外，在住宿服务方面，注重培养客房服务人员良好的服务意识，以顾客为上帝，能及时回应与满足顾客的需求。四是在购物方面，法国使用当地特色产品来刺激游客的购买欲望，并且不会产生强制游客购买和宰客等现象。五是休闲娱乐方面，游客可以参与骑马、狩猎、读书、摄影等活动来进行放松，也可以在农场参观葡萄园、酒窖，参与制酒、品酒活动，还可以参观美丽的薰衣草庄园，学习精油制作过程，等等。六是在学习方面，游客可以了解动植物的成长过程，学习农业知识,激发游客的自我探索的乐趣。

其次,乡村旅游营销全域化特征明显。当地居民、旅游企业和政府部门都重视旅游业的发展,并大力开展旅游目的地营销宣传活动。法国的乡村旅游在旅游广告宣传方面是以整个旅游区域为整体,具有全域性的特点。根据市场定位划分范围,最核心的市场到达旅游目的地的时间在一个小时左右,例如旅游目的地的周边城市;第二级市场则是与法国首都一样,在国内社会、经济方面都较为发达的大型城市;第三级市场则是距离较远的周边国家城市。此外,当地居民借助自身优势对客户信息进行管理,通过会员制、服务赠送、积极回访等形式能更好地与旅游者进行沟通,并邀请顾客再次光临。在政府方面,为促进旅游发展,推出了系列措施和政策,例如出台《马里奥法案》和《乡村旅游质量宪章》。这些方案的实施不仅保护了具有历史价值的地区,且对乡村旅游制定了统一的标准,能更好地为顾客提供优质的服务。

2.2.2 完善的公共服务配套设施

瑞士作为国际知名的旅游目的地,也是全域旅游的世界典范。瑞士的国土面积为四万多平方公里,山区面积约占国土面积的60%,青翠的草地、茫茫的雪山、碧绿的湖水,以及异彩缤纷的历史文化节日、缤纷的都市生活,构成了自然景观和人文景观无缝连接的全景游览模式,使整个国家形成一个大景点。在发展旅游方面,瑞士具备一定的先天优势条件。瑞士有着优异的生态环境,不管是城市还是乡村,都是清洁和干净的,自然环境保护得非常好。瑞士也拥有深厚的人文历史资源,到瑞士旅游的游客都赞誉其浓厚的文化气息。旅游业的有序发展与完善的公共设施密不可分。一是,瑞士创造了完善的公共交通系统。瑞士的基础设施发达,不管是城市还是乡村都拥有便捷的公路和铁路,并且与周边国家互相连通;而低成本的航空运输,使得前往欧洲大陆更加方便。瑞士区域内的所有城市、乡村和各个景点都有公共交通能到达阿尔卑斯山。瑞士的火车站功能齐全,能满足游客的多方面需求。例如,通过火车站的综合服务系统能收到及时更新的公共交通信息;配备专业的、精通不同国家语言的服务人员;游客能在火车站购买各种纪念品,如邮票、明信片等;提供了游客寄存、租赁等服务。瑞士规划设计了各种自行步道和徒步路线,利于旅客们在瑞士境内旅行或者从其他国家到瑞士旅游。瑞士还鼓励旅客利用免费发放的交通卡,深入都市和乡村开展旅游活动。二是,在瑞士,城市、乡村、景区、公园也有各种公共服务配套设施,只要是有旅游者的地方,都配备有标识导视牌、交通指示牌、休息桌椅、旅游厕所、饮水设备、自动售货机等。在供游客参观的很多城市街道、景区、公园里,也设置了很多休闲桌椅,它们的材质基本都是木头,有一些是用原木做的,还有一些用绿色油漆涂在木板上,方便市民和游客随意落座;在许多景点、公园里,建有小型的儿童游乐园,里面有滑梯、跷跷板、攀爬墙等,占地面积小,投资少,孩子们可以免费游玩,深受孩子们的喜爱;各旅游景点的洗手间,均设有专门为残疾人服务的洗手间。瑞士的公共服务配套设施充分体现了以人为本的理念。综上,瑞士构建的完善的公共服务及配套设施,规范了瑞士旅游业的发展体系,保障了瑞士旅游业的可持续发展,也为我国全域旅游发展模式提供了参考。

2.2.3　全景化的花园城市打造

近年来,新加坡已被世界公认为最成功的“花园城市”,其国土面积728平方公里,人口数量约为594万人,人口密度约为8159人/平方公里,是世界上人口密度最高的城市之一。但新加坡自然资源匮乏、土地空间有限,通过整合多样化旅游资源,生态与休闲旅游并重,以全景观为支撑,营造了全域化景观城市。在全景化花园打造过程中,主要有以下五个发展阶段。在第一阶段,新加坡政府重视城市公共区域的清洁与绿化,大力开展植树造林运动,在道路隔离带、停车场、住宅区、学校操场等空地栽种植物,旨在通过实施清洁行动,为城市提供绿色开放的空间。第二阶段的重点放在美化上,引进更多色彩鲜艳、品种多样的植物,对公共区域内的所有道路进行绿色规划,大力整治污染源与排污河道等,并在城市绿地中增加休闲娱乐设施。第三阶段是网络化阶段,旨在通过科学战略规划、自动化操作与电子系统化管理,定位监管全岛的重点树木,使绿色空间网络化。第四阶段旨在进一步增强城市绿化和街景美观，积极建设人与自然和谐共处的公园、建设连接各个公园的绿色廊道系统，让生态环境与人居环境有机融合。第五阶段是新加坡全国人民参与的阶段。新加坡民众的整体素质优良，环境保护意识强烈，他们有参加植树活动的优良传统，政府以民主公开的立场开展绿色生态项目，民众也可以提出自己的建议。政府鼓励全民共同参与、共同治理公共环境，提倡全民共同监督、共同保护环境。还开展了“清洁与绿化运动”，发布《住户手册》《绿化须知》等制度文件，与民众共同维护与保持住宅区的优美环境。21 世纪，新加坡国家公园局开展了植树计划，呼吁民众和企业根据现有的“个人植树计划”在全岛各处种植树木。

新常态下，新加坡通过全景化的花园城市打造，成为东南亚旅游发展标杆，其全域旅游发展的经验和模式值得我国借鉴。旅游的可持续性发展离不开良好的自然生态，新加坡的绿化覆盖率达高，是真正意义上的全域好生态。新加坡通过大力种植行道树、建设公园等，实施机械化操作和计算机化管理，使得新加坡“花园城市”的形象深入人心。

2.2.4 体验型的主题旅游活动

意大利的托斯卡纳地区位于意大利中部地区，是意大利著名的文化胜地，也是欧洲文化的中心。意大利不仅拥有深厚的人文历史，还坐拥丰富的顶级世界文化遗产。托斯卡纳地区一共有六处世界文化遗产，包括奥尔恰谷、皮恩扎、比萨斜塔、圣吉米亚诺、锡耶纳和省会城市佛罗伦萨。这些璀璨的世界遗产文化也是意大利托斯卡纳地区能成为国际旅游目的地的重要原因之一。第一，托斯卡纳地区根据丰富的自然文化资源构建了结构合理、内容丰富的意大利文化旅游线路，路线涉及文艺复兴、古罗马文化等文化体验内容。并且，打造了一批高质量的主题游，包括以“文艺复兴中心”佛罗伦萨、“中世纪城市”锡耶纳为核心的文艺复兴文化主题游；以“中世纪战争城市”锡耶纳、“中世纪朝圣路镇”圣吉米纳诺为核心的中世纪文化主题游；等等。佛罗伦萨和锡耶纳两个城市之间数百年的战争历史文化，更是成为旅游路线的一大亮点，加深了游客对当地文化的理解。第二,托斯卡纳地区以游客的良好旅游体验为旅游服务核心,以游客的文化体验为重要内容,注重其文化旅游形象的塑造。第三,托斯卡纳地区以传统的农业文化体验保障顾客群体的黏着度。托斯卡纳城市群利用其自身深厚的自然文化优势,吸引着全球的游客前往,其中最具代表性的是参与托斯卡纳的葡萄酒文化体验活动。托斯卡纳得天独厚的自然环境孕育了托斯卡纳葡萄酒,其中托斯卡纳的基安帝葡萄酒更是以卓越的品质走向了世界。

意大利托斯卡纳地区的全域旅游发展模式给我国全域旅游发展模式提供了经验。托斯卡纳地区建立的体验型、主题化的旅游活动,传播了旅游目的地品牌形象,打造的“托斯卡纳—锡耶纳”双城文化长廊串联起了游客旅游体验,拓展了旅游发展空间,使其成为全世界著名的旅游目的地。

2.2.5 多元化的旅游产品开发模式

西班牙的全域旅游特征主要体现在旅游产品的开发上。阳光与海滩是西班牙旅游的亮点,太阳沙滩也被誉为全球六大最完美沙滩之一。西班牙的自然旅游资源优势使得西班牙旅游业发展迅速。与此同时,在西班牙旅游业高度繁荣的背后,其旅游产品结构单一、生态环境遭到破坏、房地产过度开发土地等问题却始终未能得到有效的解决。特别是随着全球旅游业的蓬勃发展,国际旅游的竞争越来越激烈,西班牙单一的旅游产品结构受到了前所未有的挑战,由单一向综合转型的需求越来越强烈。因此,西班牙政府着力将旅游从单一产品模式向区域化的产品模式发展,通过实施新的旅游战略计划,在旅游产品开发上,强调民族性、地方性和独创性,这些特性不仅表现在建筑风格、旅游项目等硬件设施上,而且表现在旅游区管理方式、服务水平和文化氛围等软件设施上。在规划建设上,强调对当地民俗、文化的保护,建筑风格尽可能与当地传统相吻合,通过规划建设和旅游开发强化地方民俗和文化,打造了带有西班牙全域观光旅游特点的复合型旅游产品开发方式。在旅游产品上,将传统的旅游产品如滨海度假与主题公园、都市观光、乡村旅行、探险观光等同新兴的旅游产品相结合,将各种特色旅游资源进行整合,形成了结构完整、内容全面的旅游产品体系,从而吸引更多的旅游者前往。当地的旅行社推出了各种以艺术、建筑等为主题的产品线路供游客选择,设计不同主题的旅游活动,增加了游客的体验感,提高了游客的满意度。这些措施实施后,新加坡的旅游业实现了跨越式的发展。

西班牙的全域旅游发展模式给我国全域旅游发展模式提供了经验。在旅游发展的进程中,西班牙时刻关注旅游市场中游客需求的变化,通过推出系列旅游产品,形成结构完整、内容全面的旅游产品体系,突破了单一的产品模式,实现了旅游从点式发展向城市、区域综合环境转变,并提升了西班牙的国际旅游竞争力。

2.2.6 政策扶持下的旅游产业

日本政府重视发展旅游业,在2003年,为了积极发展入境旅游,日本政府通过推出观光立国战略来振兴旅游。主要有以下举措:一是日本政府以自身丰富的观光资源为优势,官民共同协作、积极推动新的旅游改革的实施。日本政府针对客源市场开展调研活动,掌握游客需求,向入境游客推销日本的旅游产品。此外,鼓励国民积极地宣传、推介日本的旅游形象,鼓励国民成为日本的旅游形象宣传大使,热情欢迎游客到日本旅游。二是日本政府注重公共基础设施的建设,优化完善游客的入境手续,在游客服务中心设置多国语言,并专门安排了精通不同语言的服务人员,为游客提供方便、舒适的旅游服务。日本宇治市依托特色农产品与美丽的自然风光,在政府的大力扶持下,茶叶产业与旅游产业融合发展,丰富的旅游业态最终使得宇治市拥有了完善的产业体系,并打造成为特色旅游小镇。此外,日本对升龙道进行推广,整合区域内的各种旅游资源,发掘不同地区间的内在联系,并设计不同的观光路线,吸引游客前往并促使游客选择其成为再次到日本旅游的目的地。在观光立国改革的支持下,日本旅游农业发展迅速,每年有5000多个绿色旅游设施和近800万名游客。三是日本积极申请世界文化遗产。世界文化遗产集中代表了国家和民族的精神文化,全面反映了国家和民族多元的文化艺术形式,反映了民族和国家对自身特性的认同和自豪感以及被世界认可的程度,已经成为国家和民族历史成就的标志。世界文化遗产作为一种宣传和展示国家文化吸引力的重要标志,是重要的旅游资源。日本通过申请世界文化遗产来开拓更广阔的旅游市场。截至2021年7月,日本一共拥有25项世界遗产,其中文化遗产20项、自然遗产5项。四是日本制定了旅游强国战略,战略指出将1亿旅游入境人数作为七年后到日本旅游的入境旅游战略目标。为了实现这一目标,日本政府增加了重要的旅游发展职位,开展了旅游发展战略会议,制订了旅游强国计划,并对旅游从业人员开展旅游培训。此外,日本政府重视发展生态旅游,促进了旅游产业的可持续性发展,加大了旅游市场对周边重要客源国的开放。

新的旅游战略计划的实行推动了日本旅游业蓬勃、快速地发展。在旅游发展的不同阶段,日本旅游业在政府的大力支持下,取得了显著成效。

2.3　全域旅游的理论基础

区域经济、社会、旅游相关的基本理论是全域旅游发展的重要基石。本书的理论基础主要由五个理论构成,即旅游系统理论、产业融合理论、旅游生命周期理论、区域可持续发展理论和空间结构相关理论。

2.3.1　旅游系统理论

"系统"一词最早是出现在希腊的语言体系中,即整体是由各个部分构成的。奥地利学者Bertalanffy最早提出系统论,并发表了关于系统论的著作系统论从其他学科中独立出来,成为一个新的学科体系。他认为,系统论中整体与部门之间是辩证统一的关系,系统这个整体是由不同的部门要素组成的,脱离了部门,则系统则不复存在,也失去了整体性的意义;部门要发挥作用,则要借助整体,通过要素间的整合与协调发展,才能摆脱孤立的状态,实现综合性的统筹发展。系统论的基本特征主要有以下几点:一是系统的整体性功能要大于各个要素部门加起来的总和;二是各系统组成要素受系统内部其他要素的影响与牵制;三是系统是动态的发展变化过程;四是任何系统都有特定的目的;五是系统不是孤立存在的。1979年,Neil Leiper提出了旅游系统论的相关概念,他认为旅游系统这个概念涉及旅游者从旅游活动开始到结束的整个过程,涵盖了旅游活动中所涉及的各个旅游部门如交通、住宿、餐饮等部门。他的思想是系统论在旅游行业中的延续发展,后来的学者也在此基础上对旅游系统论进行完善。1994年,德国学者Gunn站在市场供需的视角对旅游系统展开了研究,并提出了对后来研究旅游系统影响深远的旅游功能系统模式。他的主要思想是旅游系统由旅游供给与旅游需求两部分组成,旅游供给涉及旅游信息与促销、旅游交通、吸引物、服务者这四个部分,旅游需求主要来源于旅游主体即旅游者。这些部门要素之间是相互流动的,表现为旅游者在旅游空间的流动。在我国,最早开始研究旅游系统的是吴必虎、保继刚等人。1998年,吴必虎在前人的基础上延续与发展了旅游系统论的思想,完善并提出了新的旅游系统模型。目前旅游系统论在我国已有广泛的研究,虽然目前业界对旅游系统的定义还未有一个统一的说法,但是学者们的核心思想是一致的,旅游系统是动态发展的,旅游活动的各个组成要素之间相互依存、相互影响、相互制约。旅游系统这一复合体,在构造上可包括许多彼此相关的子系统如供应系统与需求系统、支持服务系统等,而各个子系统都由许多基本要素组成,这些基本要素又和子系统之间有机融合,从而形成了旅游系统稳定的整体架构。

全域旅游是一项复杂的系统工程,它包含了不同的旅游要素、产业之间的相互交融,促进了地区社会和经济的协调发展。将旅游系统理论应用于全域旅游,可以从整体和系统化的角度,对全域旅游进行理性分析,同时综合考虑各利益相关者、内部和外部的环境,从而提高理论研究的科学性。

2.3.2 产业融合理论

产业融合理论最开始出现在广播、计算机等产业发展中。随着社会经济的发展,产业融合理论也逐步运用到其他行业的实践中。产业融合是与产业关联度较高的相关产业进行融合,打破传统产业边界的有力手段。具体而言,产业融合指的是把资源相近的不同领域内的产业进行融合渗透,进而建立出新领域的动态进程。涉及产业融合的主要因子包括产业、科技、服务等。旅游行业由于具有融入力较强的特性,能够冲破行业内部的隔阂,使其他领域的产业也进行交叉渗透、共同发展,进而形成全新的产业共同体。旅游产业融合是随着旅游业发展的需要而产生的产业间交叉渗透、融合发展的经济活动。旅游产业融合的重点内容有 3 个方面,一是领域内的纵向融合拓展,即对旅游与核心吸引物的融合拓展。旅游产业是一个涉及食、住、行、游、购物等多个部门的产业,与餐饮业、住宿业、航空业、交通运输业、饭店业关系紧密,各旅游行业与旅游产业间相互约束、相互牵制,共同影响着旅游业的发展。因此,旅游产业本身就是一个融合性、综合性强,各要素部门相互融合、共同发展的产业。二是产业链的横向发展。旅游产品作为服务业,要与第一产业、第二产业、第三产业中的各类资金、人才、资源、信息、科技等领域的资产实现流通,从而形成一个新的动态发展产业链,带动第一二三产业共同发展。第三是形成区域旅游产业集群。1990 年美国学者 Potter 在《国家竞争优势》一书中提到了这个概念。他认为旅游产业集群指的是在特定的区域空间内,以旅游产业为优势产业,将区域内所涉及的各种产业进行融合,将不同产业内的资源进行高效整合转化为旅游资源,以旅游业为主导产业,以旅游消费需求来带动产业联动与相互协调发展,进而形成强大的聚集效应,最大限度地发挥产业集群效应。

产业融合是全域旅游发展的关键环节。以产业融合为理论基石,通过分析旅游产业与不同产业之间的融合发展类型、特征,解构全域旅游产业融合的内在机理,探索全域旅游产业融合的路径对策,有助于深化全域旅游的发展研究。发挥“旅游+”效应,整合各产业的资源,加速不同的产业与旅游业的融合,从而充分发挥旅游业发展的带动作用,形成旅游产业集群并带来良好的经济效应。

2.3.3　旅游地生命周期理论

旅游地生命周期理论是从产品生命周期理论发展而来的,指的是产品的市场寿命,即一种新产品从市场产生到市场中消失的整个演变过程。旅游地生命周期理论源于德国学者 Christaller 在《对欧洲旅游地的一些思考:外围地区—

低开发的乡村—娱乐地》中提到旅游地的概念,他认为旅游地都经历了开始、成长、衰落或复兴3个阶段。学术界有3个经典的旅游地生命周期模型:巴特勒模型、普罗格模型、双周期模型。但目前被普遍认可的是由英国科学家Butler在1980年给出的模型,这个模型总共分为6个阶段,依次为探查阶段、参与阶段、发展阶段、巩固阶段、停滞阶段和衰落或复苏阶段。该理论认为旅游目的地如同产品一样,也会经历从兴到衰的过程。旅游地生命周期在各阶段也有不同的特征。

在探查阶段,以少量的具有冒险精神的游客或者不喜欢商业化旅游地的探索者为主,游客性格特征上表现为热衷冒险、思维活跃、乐于沟通;缺乏旅游相关的基础设施,仅依托旅游地自然的或文化的旅游吸引物。在参与阶段,当地的居民对旅游发展有了一定的认知,随着旅游者的增加,当地的相关政府部门开始对旅游地进行管理与开发,在旅游目的地展开大量的宣传推介活动,当地居民开始为旅游者提供一些基础性的旅游设施与旅游服务,旅游地拥有固定客源。互发展阶段,旅游地的接待量实现了大幅度的增长,游客数量甚至超过了当地居民。旅游地相关部门开始重视旅游业的发展,对外开展旅游招商引资活动,同时对客源地的游客进行精准的营销推广。在巩固阶段,旅游地相关部门不断致力于开发新市场,同时通过大量的市场营销活动克服了旅游的季节性差异,当地的居民也意识到旅游发展对当地社会经济的重要作用。在停滞阶段,当地的酒店入住率降低,当地的居民为过多的旅游者所带来的社会、环境问题所困扰,居民的正常生活也受到严重影响。旅游地的形象开始与当地环境相脱离,对游客的吸引力也逐渐减弱。到最后的衰落复苏阶段,旅游地的客源市场萎缩,外部投资也开始逐渐退出旅游市场,主要以当地的投资为主。旅游地的旅游设施陈旧,服务质量不能满足游客的需求。若旅游地能够意识到旅游地的生命周期,在保护当地生态环境的基础上,根据旅游目的地发展状况,进行资源重组和资源开发活动,那么就能在此阶段实现复苏,重现旅游盛况。

全域旅游是旅游发展的新形势和新趋势。全域旅游将区域整体作为旅游目的地来建设，是“小景区”到“大景区”的转变。以旅游地生命周期理论基础，可以贯穿旅游发展阶段与旅游地生命周期，二者的相互印证与交叉解释不仅有助于进一步充实旅游地生命周期概念的内涵，还可以推进全域旅游由实践到理论的升华，促进全域旅游发展模式推广应用。

2.3.4　区域可持续发展理论

可持续发展是在 20 世纪 80 年代提出的发展观，它的提出顺应了社会与时代发展的需要。1987 年，美国 Brundtland 对可持续发展的含义作出了具体的阐述，即能适应现代人的需求，又不降低后代适应其需求的能力水平的全面发展。这一观点，强调了提高保护自然意识，要使社会经济发展、保护环境资源、维护自然生态协调一致，要让我们的子孙后代能享受到良好的社会资源和自然环境。1989 年 5 月召开的第十五届联合国国际环境署理事会通过了《有关可持续发展的宣言》；1990 年，在加拿大召开的旅游国家大会上，明确提出了旅游可持续发展的 5 个目标，此次会议对旅游可持续发展奠定了重要基础；1992 年，地球高峰会议上发布了《21 世纪议程》；1995 年，世界旅游组织在西班牙召开的旅游会议上，宣布了两个重要的旅游可持续发展文件，文件全面具体地阐述了可持续发展的 7 个发展理念和相关重要内容。正是这些具有重大意义的文件推动了可持续发展理论从产生走向成熟。

区域可持续发展理论是可持续发展研究的具体实践。在强调可持续发展理念时，要随时关注和倾听利益者的需求，要协调处理好利益相关者的问题，要致力于改善人们的生活环境，注重人与自然的和谐共处。区域可持续发展，一直是全域旅游发展的目标，可持续发展的旅游决定着旅游业的未来。在全域旅游发展中坚持绿色发展道路，注重当地环境的保护，关注人与自然和谐共生，注重生态环境与其他方面相互协调，以区域可持续发展理念作为全域旅游的指导思想，不仅有利于区域资源的长期循环利用，还有利于旅游业的持续健康发展。

区域可持续发展理论为全域旅游发展模式的研究奠定了理论基础。首先，区域可持续发展理论是我国学者对过去旅游发展研究的回顾和反思，既是对传统旅游发展中暴露出的不可持续性发展问题的解决措施,也为我国未来旅游业的发展指明了方向。其次,区域可持续发展理论吸收了其他相关科学相关领域的研究成果,具有深刻的思想内涵。全域旅游的发展思想与区域可持续发展的理念一致,全域旅游不是单一产业的发展,而是要引领着相关产业共同发展。发展全域旅游不仅要关注游客的旅游体验,还要惠及更多的社会主体,努力实现全社会的共建共享。全域旅游坚守资源与环境的保护底线,平衡保护与开发的关系。全域旅游发展要遵循可持续发展理念,以区域可持续发展理论为指导的全域旅游研究将更具有持久性与生命力。

2.3.5 空间结构相关理论

全域旅游是强调空间全景化的旅游发展理念和模式。相关要素的布局、公共服务的配套、旅游景观的打造、资源环境的保护都要依托空间结构进行展现。空间问题是全域旅游的关键问题。空间结构理论包括增长极理论、核心边缘理论、点轴开发理论和旅游中心地理论等。

增长极理论最初是在1955年,由法国市场经济学家Fransois提出的,后来的研究者如Dewir、Gurmar Myrdal、Hirschman等在此基础上对理论进行完善,并构成了现代区域经济学和发展经济学的主要理论之一。增长极理论指出,增长极在空间结构上并不能同步发生和平衡发展,但可以经由一个或多个地区发展中心向其他区域或关联产业蔓延,从而最终促进整个地区的发展。该理论突出了地区发展中增加极的“极化作用”和“扩散作用”,极化作用体现在发展初期地区内自然资源、基本要素、人员、资金等向增加极流转,而扩散作用则体现在开发后期地区增加极对周边区域或行业的辐射拉动效应。全域旅游并不指全面进行旅游开发,它更重视对景区(点)等发展极点的整体策划与研究,由此可知全域旅游研究也是建立在新增长极理论的基础上的。

核心—边界理论最早于1966年由美国地理学家Friedmann在其《区域发展政策》一书中提出。按照Friedmann的观点,基于区域内各地区经济发展的平衡性,可把地区分成核心区域和边缘区域。核心区通常是资源、资本、人才等的集中集聚区域，该区域表现出人口相对稠密、工业化程度较高、经济发展速度更快等特征；而边缘区域通常体现资源景观水平较低、发展经济速度相对滞后的特征。但 Friedmann 认为核心区与边缘区的空间结构并不是固定不变的，其空间结构在发展中会随着两者间的相对差异而不断变化。核心—边缘理论的主要思想是，通过发展核心区域，带动边缘区域，形成一种互相促进、合作共赢的空间格局。强调边缘区域对核心区域各方面的依赖，依靠核心区域把区域内的各种社会资源进行高效整合，聚集成一个统一的整体，并系统性地、有计划地向边缘区扩散，使得边缘区得到开发与发展。例如在全域旅游发展过程当中，核心区的旅游发展扩散至非核心区域，最终使区域内的不平衡发展变为平衡发展，整个区域的旅游竞争实力也得到了提升。综上，核心—边缘理论对全区域内的资源整合、区域旅游的联动协调发展等方面都具有较高的实证价值。

旅游中心地理论最早于 1933 年由德国地理学家 Christaller 提出，他认为中心地是专门用来供应中心吸引物品的区域。按照中心吸引物品的服务范围大小可以将其分成高级中心吸引物与低级中心吸引物。低级中心吸引物品以适应本地市民的生活需求为目标，在此区域人们的基本生活需要都可以获得解决。高级中心吸引物品则是专门为市民量身定做，以满足市民的个性化需要为宗旨，向市民推出的更高级别的服务商品和服务设施。中心地在空间分布形态上存在一定的规律性，这种空间分布将会受市场、交通与行政 3 个原则的制约，中心地理论对于研究中国城镇结构的演变有着重要的意义。全域旅游中心地（旅游集散中心、各要素集群）的形成同样受到市场、交通、行政支配。因此，以旅游中心地理论作为全域旅游理论基础，也具有重要的现实意义。

点轴开发理论是在增长极理论、生长轴理论、中心地理论的基础上进行深入研究的理论，由波兰经济学家 Zaremba 和 Malisz 于 20 世纪 70 年代提出，后来由国内旅游地质学家陆大道院士在此基础上，吸收借鉴日本、德国、澳洲国的发展经验和实践，重新提出了对区域发展影响较大的点轴渐进式扩散理论，该理论对旅游空间拓展的研究具有重要价值。该理论研究指出，连接在发展极之间的发展轴线具备良好的地理位置、交通运输条件和投资平台,会引起更大规模的人流、货物和资本聚集,从而形成了发展极点之间的新发展带,促进了地区的经济发展。廊道作为联系各旅游吸引物的主要通道,对全域旅游资源的规划、布局及合理配置具有重要意义,是全域旅游发展的重点。因此,以点轴开发理论为我国全域旅游理论的基石,可以更好地促进全域旅游的高质量发展。

第3章

全域旅游发展水平评估的一般框架

全域旅游是一个复杂开放的大系统，全域旅游发展水平评估需要利用系统论，在全域旅游相关概念、研究进展和理论基础上，厘清全域旅游发展水平评估的内容，构建科学、合理的全域旅游发展水平评估指标体系，选择合适的全域旅游发展水平评估的方法，从而构建全域旅游发展水平评估的一般框架。

3.1 全域旅游发展水平的相关概念

1. 全域旅游相关概念

全域旅游是以旅游业为优势产业，通过统一规划布局、优化公共服务、推进产业融合、加强综合管理、实施系统营销，不断提升旅游业现代化、集约化、品质化、国际化水平，更好满足旅游消费需求一种理念和模式。由此可知，全域旅游是发展旅游的新形势、新模式，它改变了传统的门票经济，打破了游客与市民的“二次空间”，树立“城市就是景区、乡村就是景区”的一维空间，既是地理上的全地区概念，也是时空上的全民、全领域的概念，全域旅游不仅仅对当地的旅游、经济有促进作用，也改善与升级了当地的基础设施和服务设施。对于旅游资源的有效整合，全域旅游是一个非常好的路径。为了更好地提高旅游服务水平、进行旅游资源供给侧结构性改革，发展全域旅游已经成为政府有力的抓手。

全域旅游是我国产生的本土化概念，国内学者研究时间较短，主要是集中于“全”和“域”两个方面，对于全域旅游的萌芽阶段，业内研究者尚未有一个统一的界定。赵黎光等认为使全域旅游概念的萌芽产生于1996年创评“中国优秀旅游城市”时提出的“旅游形象靠人人、旅游环境处处是”。在CNKI查找“全域旅游”词条时发现，2009—2010年成都蒲江、黄龙溪以城乡统筹发展规划全面体现“全域旅游”概念。前国家旅游局局长提出全域旅游概念，并提出“三步走”战略，标志着全域旅游在全国实践的序幕正式拉开。

随后更多学者研究全域旅游，有的学者单单抓住“全”字来做文章，提出“四全”，即全景、全产业、全时、全民，这仅仅是对全域旅游的片面理解。张辉认为全域旅游应从“域”的角度出发，从空间、行业、要素、管理4个方面对全域旅游进行解释。全域旅游的发展模式，要紧紧抓住旅游消费这个平台，要不断巩固客源地与目的地的空间流动这条纽带，使得各行各业要素配置和旅游资源得到合理利用开发，使我国旅游产业用全区域的综合模式逐渐取代单一景区点线的发展模式。也有学者从不同角度提出全域旅游产业转型升级的水平和旅游产业的成熟度应从产业域、空间域、管理域来衡量，转变发展理念，改变以往的景区门票经济的单一发展模式向区域一体化发展，走高质量发展路子。

总的来看，全域旅游概念的不断完善，体现了中国旅游业的不断发展，全域旅游不仅仅只包含旅游一方面，也联动区域的文化、政治、经济等各个方面，形成中国本土的概念。

2. 全域旅游发展水平评估相关概念

全域旅游发展水平评估是以旅游系统理论为指导，运用科学的方法和手段对区域全域旅游实践进行定性分析和定量评价，对全域旅游发展水平的现状、质量等进行综合性的判断，既包括对全域旅游发展水平高低的评价，也包括对旅游贡献、旅游要素供给、旅游业态融合和旅游支持管理4个维度的评价。评估全域旅游发展水平，在现实中有助于明晰全域旅游发展现状、识别全域旅游发展的影响因素并采取有效措施推动全域旅游的高质量发展；在理论上，有助于丰富全域旅游发展水平评估研究，为全域旅游发展水平提供客观的评价体系。

近年来，随着国家对全域旅游示范区创建进行验收，全域旅游发展成效也引起学者的广泛关注，越来越多的学者进行全域旅游发展水平评估研究。林明水等选择了从全时空、全要素、全产业、全支持和全管理等5个方面，对37个全域旅游示范区发展进行评价。丰晓旭等在总结全域旅游相关概念的基础上，从产业域、空间域、管理域等3个维度对31个省（市、区）的全域旅游发展进行了评价。Ritchie & Crouch 也提出了“旅游目的地可持续发展竞争力模型”，包括旅游吸引物及其核心资源、旅游配套及服务与资源、旅游目的地的综合管理以及地方政府的相关旅游政策等相关因素。总体来看，全域旅游发展水平评估研究、全域旅游评价指标体系构建研究等方面取得了一定的成果，体现了对全域旅游内涵的共同认知，但仍未形成科学、成熟、系统的全域旅游发展水平评价体系，仍存在如何解决指标体系的多尺度、多变量，如何构建针对特定类型全域旅游区域评价模型，如何从空间区域上考虑县域全域旅游发展水平等问题。在研究方法上，多采用定性研究方法对全域旅游的相关概念内涵、特定区域的全域旅游发展进行研究，较少运用定量的研究方法进行研究。

全域旅游在各个学科背景下不断发展、完善，为全域旅游发展提供新的视角和路径，也使得全域旅游发展水平评价指标更加趋于合理化。

3. 全域旅游发展模式相关概念

随着全域旅游战略的快速推进，需要全新的、贴合全域旅游发展理念的新模式。全域旅游发展模式的选择则应因地制宜、因时制宜，综合考虑不同旅游目的地的类型、发展现状和发展目标，以及该地资源特色、民俗文化等因素，有针对性地进行全域旅游发展模式的选择与设计。全域旅游属于全新的旅游发展模式，该模式还处在初步探索阶段，没有一个固定的模式可循。不同省市、地市、县区全域旅游发展模式类型不同、特色各异。浙江省通过建设特色小镇推动全域旅游发展，把全省作为一个旅游的大景区；张家界以全域旅游理念建设旅游强市,形成以武陵源景区为发展核心的全域旅游发展模式;都江堰以创建国际旅游名城为导向发展全域旅游,形成"旅游主导,国际视野"的全域旅游发展模式。

3.2 全域旅游发展水平评估的一般流程

3.2.1 全域旅游发展水平评估的内容

全域旅游发展水平评估是客观评价全域旅游发展水平的有效手段,是对各地全域旅游实践发展的客观衡量。客观的全域旅游发展水平评估结果有助于把握全域旅游发展目标,为不同区域、不同时期的全域旅游发展提供决策支持和理论基础。从研究范围来看,全域旅游发展水平评估的范围包括了不同尺度的行政地域单元,侧重于省域和县市层面,国家层面的研究相对较少。

全域旅游发展水平评估的内容既包括对全域旅游发展水平的整体性评价,也包括对旅游贡献、旅游要素供给、旅游业态融合和旅游管理支持 4 个维度的评价。基于全域旅游相关概念,借助系统论的整体思想,按照指标体系构建的科学性、简明性、系统性、可比性、可操作性的基本原则,借鉴已有相关文献,构建包括以对全域旅游发展水平进行综合评估为目标的目标层和旅游贡献子系统、旅游要素供给子系统、旅游业态融合子系统、旅游管理支持子系统 4 个子系统(4 个维度)的系统层以及准则层、指标层 4 个方面的全域旅游发展水平评价体系(表 3-1)。

表3-1　全域旅游发展水平评估指标体系构建框架思路

层次/内容	具体内容
目标层	以对全域旅游发展水平进行综合评估为目标。
系统层	涵盖了旅游贡献子系统、旅游要素供给子系统、旅游业态融合子系统和旅游管理支持子系统。
准则层	旅游贡献子系统主要从旅游经济对区域经济的促进情况、地方旅游业发展水平等方面设立准则层；旅游要素供给子系统主要从旅游吸引物的数量和质量水平、当地经济发展情况以及发展质量、当地的生态旅游、非标准住宿的接待能力、标准住宿的接待能力、旅游资源是否深度开发等方面设立准则层；旅游业态融合子系统主要从旅游与工业的融合程度、旅游与农业的融合程度、文化与旅游的融合程度、旅游与商业的融合程度、旅游与康养的融合程度等方面设立准则层；旅游管理支持子系统主要从管理水平、服务水平、宣传力度、宜游度、当地的空气质量、交通便捷程度、城市化水平等方面设立准则层。

续表

层次 内容		具体内容
指标层	旅游经济发展水平子系统	通过旅游增长占本地 GDP 的比重反映旅游经济对区域经济的促进作用;通过旅游人均收入反映地方旅游业发展的水平,并反映多元消费体系建立完善的程度。
	旅游产品供给子系统	通过 AAA 级以上景区数量衡量旅游吸引物的数量和质量水平,反映当地的资源价值与宜游度;通过省级以上生态旅游示范区数量反映当地的生态旅游以及当地的环境条件、生活舒适度与宜居度;通过省级以上度假区数量反映当地经济发展情况以及发展质量,反映当地的体验性与消费力;通过精品民宿数量反映非标准住宿的接待能力,反映供给的独特性和差异性;通过三星级以上酒店数量反映标准住宿的接待能力;通过旅游演艺数量反映旅游资源是否深度开发,反映当地新型旅游业态。
	旅游产业融合子系统	通过省级工业旅游示范基地数量反映旅游与工业的融合;通过 AAAA 级以上乡村旅游点反映旅游资源要素配置与农业的融合程度;通过节庆活动数量反映文化和旅游融合发展的"1+1>2"成效;通过文化街区数量反映旅游与商业的融合程度,体现"文化+旅游+商业"发展的新模式;通过省级森林康养基地反映当地康养旅游发展的状况。
	旅游管理水平子系统	通过智慧旅游系统可反映当地的管理水平;通过旅游集散中心反映当地的服务水平;通过微信公众号反映当地的旅游宣传力度;通过空气质量优良天数比例反映当地的宜游度;通过森林覆盖率反映当地的空气质量;通过公路密度反映当地的交通便捷程度;通过城镇化率反映当地的城市化水平,反映旅游发展的"多重效益"。

1. 旅游贡献：促进经济发展

旅游贡献客观真实地反映了全域旅游发展水平和状态。旅游是促进经济发展、增加就业岗位和满足人民日益增长的美好生活需求的有效手段，在全域背景下，旅游产业被纳入当地经济社会发展规划，确立为战略性支柱产业或者龙头产业，其涉及的“食、住、行、游、购、娱”几乎贯穿了第三产业的每个环节。张辉认为，“全域旅游强调的是旅游贡献率，而不仅仅是旅游增长率”。《关于促进全域旅游发展的指导意见》指出，要把旅游业作为经济社会发展的重要支撑，发挥旅游“一业兴百业”的带动作用，促进传统产业提档升级，孵化一批新产业、新业态，不断提高旅游对经济和就业的综合贡献水平。按照全域旅游发展中旅游效益最大化这一目标来分析全域旅游的成效，追求的不是旅游人数、旅游收入以及两者的增长率，而是旅游对社会经济发展的贡献率，对相关产业的辐射力等。

2. 旅游要素供给：创新旅游产品

全域旅游不同于传统的旅游，依靠景区经济，依托于游览观光，全域旅游高质量、可持续的发展，需要对景区进行不同层次的开发，创新旅游产品，完善旅游要素供给体系，实现旺季有序、季季有人，四季活动均衡覆盖。旅游供给产品是全域旅游发展的基础，没有旅游供给产品就不会有旅游活动。丰富的旅游要素是让游客愿意“慢游”的基础，创新产品供给为全域旅游建设注入强大动能。

3. 旅游业态融合：深化旅游改革

全域旅游强调发挥旅游的综合带动功能，以发展旅游推动地方经济融合与发展。全域旅游时代给各个地区旅游业态深度融合提供了发展平台，全域旅游的发展为旅游业态融合提供了更大的发展空间，旅游业态融合也反映出了旅游产品的深度开发。以旅游城市经济为基础，整合区域内相关资源，与相关产业和领域紧密结合、融合发展，实现以城市旅游辐射带动全域发展，通过推进全域旅游促进经济社会协调发展的目标。

4. 旅游管理支持：建立现代旅游治理体系

旅游管理支持是全域旅游发展的重要保障。全域旅游高质量发展需要全地区、各部门、各要素的协同合作，政府坚持多规融合、一体推进，以“全区域、全要素”为理念基础，使得全国各地旅游资源得到总体布局、有机统筹。全域旅游需要政府建立健全相关部门职能，相关法律法规、政策体系不断完善，坚持从整体出发，政府高起点入手，高规格设计，规划高质量整合，确保旅游项目的整体规划有特点、有品位、有内涵。

3.2.2 全域旅游发展水平评估的方法

全域旅游发展水平评估是在综合集成视角下，通过定性分析和定量评价对全域旅游发展水平进行客观评估。全域旅游发展水平评估离不开相关概念和理论基础的支持，离不开科学、合理的全域旅游发展水平评估指标体系，更离不开科学的全域旅游发展水平评估方法。全域旅游发展水平评价主要是采用综合评价法。

综合评价法主要是运用多个指标或指标体系来评价人或物的一种评价方法。确定各评价指标的权重尤为重要，权重是指标在整体评价中重要程度的反映。常用的计算指标体系权重系数的方法主要有两类，客观赋权法主要包括熵权法、因子和主成分分析法、CRITIC 权重法等，主观赋权法包括了德尔菲法、AHP 等。

熵权 TOPSIS 综合评价法是一种将熵权法与 TOPSIS 法相结合的综合评价方法。熵值法可以减少主观赋值偏差，TOPSIS 法可以进行多对象的评价研究。

3.2.3 全域旅游发展水平评估的流程

本书选择全域旅游建设成效显著的区域（江西省）为实证分析对象进行全域旅游发展研究。在省域尺度下，分析江西省自然资源基础条件，并从体制机制、政策保障、公共服务、供给体系、环境质量、品牌影响 6 个方面分析江西省全域旅游发展现状。在市域尺度下，首先运用耦合协调模型，选取 20 个反映旅游产业与经济发展水平的指标，对江西 11 个设区市旅游产业与区域经济间协调有序发展状况进行定量分析；采用变差系数（CV）、基尼系数（G）、首位度（S）、赫芬达尔系数（Hn）4 个指标分析近十年江西各地市旅游收入数据，从旅游业的均衡性、旅游业经济差异以及旅游资源禀赋差异 3 个方面分析江西省全域旅游发展基础，并进行旅游业发展差异性的原因分析。其次，以江西省 39 个全域旅游示范区为研究对象，通过最邻近指数、核密度分析等方法，对示范区空间分布类型、聚集特征进行分析；通过提炼指权、构建协调模型，基于复杂系统理论从旅游贡献、旅游要素供给、旅游业态融合和旅游管理支持 4 个维度构建江西省全域旅游发展水平评价指标体系，从多方面分析江西省全域旅游发展现状，探析影响全域旅游发展的指标；运用熵权法、TOPSIS 综合评价法进行实证研究，探讨江西全域旅游示范区发展水平；运用灰色关联度描述影响全域旅游发展水平的因素，进而探索江西省全域旅游发展的模式。具体评估流程见图（3-1）。

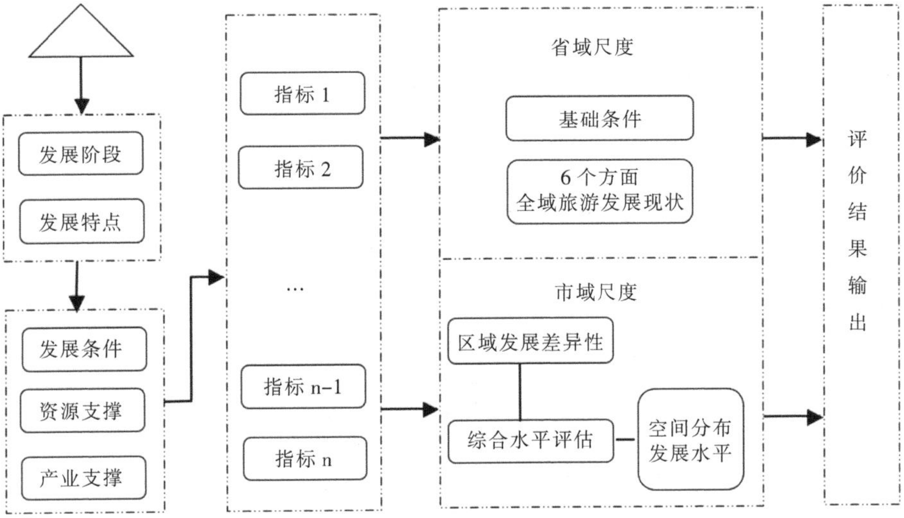

图 3-1　全域旅游发展水平评估的一般流程

3.3　本章小结

在全域旅游相关研究进展和理论基础上，明晰全域旅游、全域旅游发展水平评估、全域旅游发展模式等相关概念及内涵。在旅游系统理论的指导下，厘清全域旅游发展水平评估的内容，从旅游贡献、旅游要素供给、旅游业态融合和旅游管理支持4个维度构建全域旅游发展水平评估体系，选择合适的全域旅游发展水平评估方法，形成全域旅游发展水平评估的一般流程，从而构建全域旅游发展水平评估的一般框架。

第4章

江西省全域旅游发展现状

江西的旅游业始于20世纪20年代，50—70年代出现短暂退化，80年代继续发展，21世纪趋向成熟。2015年，江西省的旅游业开始进入全域发展时期。全域旅游成为指导江西旅游产业发展的一种理念和模式，促进江西社会经济大力发展。国务院办公厅在2018年3月印发《关于促进全域旅游发展的指导意见》，意见中指出要“从区域发展全局出发，统一规划，整合资源，凝聚全域旅游发展新合力”“开展全域旅游示范区创建工作，打造全域旅游发展典型，形成可借鉴可推广的经验，树立全域旅游发展新标杆”。为了对全域旅游示范区的验收认定工作进行规范，文化和旅游部印发实施了《国家全域旅游示范区验收、认定和管理办法（试行）》《国家全域旅游示范区验收标准（试行）》《国家全域旅游示范区验收工作手册》，以上文件详细说明了全域旅游示范区的判定、验收标准和流程。对于江西省全域旅游发展现状的分析主要从全域旅游发展的基础条件、机制体制、政策保障、公共服务、供给体系、资源环境质量、品牌影响这几个方面展开。

4.1 江西省全域旅游发展的基础条件分析

截至2021年12月，江西省全域旅游发展取得了突出成绩，拥有国家级全域旅游示范区 7 个，省级全域旅游示范区 32 个；国家 AAAAA 级旅游景区 13 个，AAAA 级旅游景区 189 个；AAAAA 级乡村旅游点 32 个，AAAA 级乡村旅游点 212 个；国家级旅游度假区 2 个，省级旅游度假区 25 个；省工业旅游示范点 59 个，旅游风情小镇 69 个，省级旅游休闲街区 13 个，省级夜间文旅消费聚集区 14 个，文旅融合发展示范区 12 个。2021 年，江西省接待游客 7.4297 亿人次，旅游综合收入达 6769 亿元，同比分别增长 33.4%和 24.83%。自然条件、经济基础以及旅游产业的发展状况是影响江西省全域旅游发展的重要因素。

表 4-1 江西省全域旅游示范区

地区	全域旅游示范区	等级/授牌时间	地区合计
赣州市	赣州市上犹县	省级（2020 年）	国家级 1 个 省级 8 个
	赣州市全南县	省级（2020 年）	
	赣州市龙南县	省级（2019 年）	
	赣州市瑞金市	省级（2019 年）	
	赣州市石城县	国家级（2020 年）	
	赣州市于都县	省级（2021 年）	
	赣州市崇义县	省级（2021 年）	
	赣州市大余县	省级（2021 年）	
	赣州市安远县	省级（2021 年）	
萍乡市	萍乡市芦溪县	省级（2020 年）	省级 2 个
	萍乡市安源区	省级（2021 年）	
景德镇市	景德镇市珠山区	省级（2020 年）	国家级 1 个 省级 2 个
	景德镇市浮梁县	省级（2020 年）	
	景德镇市昌江区	国家级（2020 年）	
宜春市	宜春市铜鼓县	省级（2020 年）	国家级 1 个 省级 1 个
	宜春市靖安县	国家级（2020 年）	

续表

地区	全域旅游示范区	等级/授牌时间	地区合计
九江市	九江市修水县	省级(2020 年)	国家级 1 个 省级 4 个
	九江市武宁县	国家级(2020 年)	
	九江市永修县	省级(2021 年)	
	九江市庐山市	省级(2021 年)	
	九江市彭泽县	省级(2021 年)	
南昌市	南昌市安义县	省级(2020 年)	省级 3 个
	南昌市湾里区	省级(2018 年)	
	南昌市南昌县	省级(2021 年)	
抚州市	抚州市乐安县	省级(2020 年)	国家级 1 个 省级 3 个
	抚州市南丰县	省级(2019 年)	
	抚州市资溪县	国家级(2019 年)	
	抚州市黎川县	省级(2021 年)	
上饶市	上饶市玉山县	省级(2020 年)	国家级 1 个 省级 3 个
	上饶市婺源县	国家级(2019 年)	
	上饶市弋阳县	省级(2021 年)	
	上饶市广丰区	省级(2021 年)	
新余市	新余市分宜县	省级(2019 年)	省级 2 个
	新余市渝水区	省级(2019 年)	
鹰潭市	鹰潭市	省级(2018 年)	省级 1 个
吉安市	吉安市安福县	省级(2019 年)	国家级 1 个 省级 3 个
	吉安市青原区	省级(2019 年)	
	吉安市井冈山市	国家级(2019 年)	
	吉安市吉州区	省级(2021 年)	
			合计:39 个

4.1.1 江西省自然资源基础条件分析

1. 江西省地理位置优越、区位优势明显，为全域旅游发展提供了优良的自然条件

江西地处中国东南部、长江中下游地区南岸，属于华东地区，东与浙江省、福建省接壤，南接广东省，西接湖南省，北靠湖北省、安徽省。气候属亚热带季风性湿润气候，年均气温约 16.3—19.5℃，一般自北向南递增，光照资源充足，宜居宜游。当前我国旅游业客源主要是来自日本、美国、加拿大、澳大利亚、东南亚地区的外国旅游者和定居于上述国家或地区的华侨及港、澳、台同胞。他们绝大部分是从广州、上海两大港口进境，而江西又处于这两个港口之间，连接这两个港口的京广—浙赣—沪杭铁路干线贯穿整个江西，所以江西成为华南至华东的必经之地。中国四大经济特区皆是江西近邻，著名的旅游胜地西湖、千岛湖、黄山、九华山、黄鹤楼、岳阳楼和武夷山都位于江西周围，江西旅游业既可从四邻“借光”，又能“此岸风景独好”，发挥自身丰富的旅游资源。

2. 江西丰富的地貌和水文类型为其全域旅游的发展提供了良好的条件

江西的地形以丘陵、山地为主，谷地和盆地也较多，平原分布略少。江西省北部是鄱阳湖平原，东、西、南三面环山，中部主要是丘陵和河谷平原。江西河川径流主要靠降水补给，季节性变化很大，具有夏季丰水、冬季枯水、春秋过渡的特点。全省共有大小河流 2400 多条，除边缘部分分属珠江、湘江流域及直接注入长江外，其余均分别发源于省境山地，汇聚成赣江、抚河、信江、饶河、修河五大河系。丰富的水系成为江西旅游发展的潜在优势。

3. 江西省的旅游资源类型多样且特点突出，与其他省市相比具有明显的资源优势

江西拥有 8 大类、153 种基本旅游资源类型。无论是自然景观还是人文景观，都各有其特点。古色历史资源、红色文化资源、绿色山水资源相得益彰，在江西形成具有代表性的“3461”景区，即 3 个四、6 个一。“3 个四”是指四大名山（中华十大名山之一的庐山，天下第一山的井冈山、天下第一仙山的三清山、

道教第一仙山的龙虎山)、四大摇篮(中国革命摇篮井冈山、人民军队摇篮南昌、人民共和国摇篮瑞金、中国工人运动摇篮安源)、四个千年(千年瓷都景德镇、千年名楼滕王阁、千年书院白鹿洞、千年古刹东林寺);"6 个一"是指一湖(中国最大淡水湖鄱阳湖)、一村(中国最美乡村婺源)、一海(人间仙境庐山西海)、一峰(天然盆景龟峰)、一道(改革开放策源地小平小道)、一城(鄱阳湖畔明珠共青城)。省内的名山、名水、名湖、名洞、名村与古城、古民居、古寺庙、古窑以及渊源深厚的革命精神、瓷文化、道教文化、佛教文化、理学文化等交相辉映,极大程度地提升了江西作为旅游目的地的吸引力。

4.1.2　江西旅游产业与区域经济发展的协调性分析

依托得天独厚的自然条件和丰富的旅游资源,江西省不断改善交通基础设施,加大对外宣传力度,旅游产业得到了迅速发展。在整体快速发展的同时,江西省 11 个地市旅游业的发展水平参差不齐,存在明显的区域差异。本节借助耦合系数模型,分析江西省各地市的旅游产业与经济发展协调度,有利于更好地促进江西全域旅游的全面、协调、可持续发展。

1. 协调度模型的构建

借鉴物理学中的容量耦合系数模型,建立多个系统相互作用的耦合协调度模型,基本公式如下:

$$C_n=n\{(u_1*u_2*...*u_n)/\prod(u_i+u_j)\}^{\frac{1}{n}}$$

其中 C_n 为多个系统的耦合协调度评价值,$u_i(i=1,2,3,\cdots,m)$ 和 $u_j(j=1,2,3,\cdots,n)$ 分别表示多个系统均衡发展的评价指数。

由此可推理得到旅游产业和区域经济的协调函数为:

$$C=2\{F(x)*E(y)/[F(x)+E(y)]^2\}^{\frac{1}{2}} \quad (1)$$

$F(x)$、$E(y)$ 分别为旅游产业和区域经济综合评价函数。x 代表旅游产业发展的 8 项指标,y 代表区域经济发展的 12 项指标。

综合评价函数公式如下:

$$F(x)=\sum_{i=1}^{m}\lambda_i x_i、E(y)=\sum_{j=1}^{n}\lambda_j y_j \tag{2}$$

$F(x)$、$E(y)$分别为旅游产业和区域经济综合评价函数。λ_i、λ_j 表示权数，λ_i、λ_j 取值均设定为 1。x_i 为描述旅游产业的 m 个指标，y_i 为描述区域经济的 n 个指标。为了消除指标量纲或指标测度量级的不同而造成的影响，将指标体系中的指标进行无量纲处理。

$$x_i=[x_i-\min(x_i)]/[\max(x_i)-\min(x_i)]\ (x_i\text{ 为正向指标}) \tag{3}$$

$$x_i=[\max(x_i)-x_i]/[\max(x_i)-\min(x_i)]\ (x_i\text{ 为负向指标})$$

y_i 的取值依此类推。

协调函数是描述各系统内部要素间以及系统之间相互作用的程度，不足之处在于容易出现当两个子系统发展水平都比较低时，也可以得到协调程度较高的结果，这就难以真正地反映旅游产业和区域经济发展的水平和状态。为了避免这个问题的出现，根据前人研究成果，引入协调发展模型 D。

协调发展模型可以反映相互作用中良性协调程度的大小。

$$D=(C*T)^{\frac{1}{2}},T=aF(x)+bE(y) \tag{4}$$

式中，D 为协调发展度，C 为协调度，T 为旅游产业与区域经济系统的综合评价指数，反映出两个系统对协调度的贡献程度。a、b 为待定系数，本节 a、b 取值分别为 0.6 和 0.4。

2. 旅游业与区域经济的协调发展度评价标准

一般根据协调发展度数值的大小进行协调状况分级，分值区间为 0—1。0.5—1 的为协调型，0—0.49 的为失调型。分值越大，协调状况越佳；分值越低，失调程度越明显。此外，在分析协调或失调状态的基础上，还可将旅游产业与区域经济综合发展水平进行对比。理论上，$F(x)>E(y)$ 为区域经济发展相对滞后型；$F(x)<E(y)$ 为旅游产业发展滞后型；$F(x)=E(y)$ 说明旅游产业与区域经济发展同步。

3. 原始数据采集和指标选取

本节所有数据来源于 2020 年《江西统计年鉴》以及相关各设区市的 2020

年统计公报。对于少量缺失数据，依据历年平均增长率进行推算后予以赋值。鉴于旅游产业系统与区域经济系统的复杂性，指标选取的科学性和可获取性，结合专家法，采用多指标综合分析，建构了江西旅游产业发展与区域经济系统协调度指标体系，一共包含 20 个指标，见表 4-2。

4. 原始数据的标准化处理和权重系数的确定

设 $x_1, x_2, x_3, \cdots, x_8$ 为旅游产业系统有序化特征的序参量指标，设 $y_1, y_2, y_3, \cdots, y_{12}$ 为区域系统有序化特征的序参量指标，为消除各指标单位对计算结果的影响，进行指标的无量纲化处理。由于本节有序系统特征的各个指标都属正向指标，故采用的处理方法见公式(3)。

为避免主观因素误差，使指标权重更具客观性、可信性，各指标权重采用熵值赋权法计算获得(见表 4-2)。

表 4-2　江西旅游产业与区域经济协发展度的指标体系

协调系统	评价指标	指标数值单位	权重
旅游产业系统 $F(x)$	国内旅游收入 x_1	亿元	0.1228
	旅游外汇收入 x_2	万美元	0.1223
	接待国内游客 x_3	万人	0.1412
	接待境外游客 x_4	万人	0.1203
	旅游总收入占 GDP 的比重 x_5	百分比	0.1697
	游客总人数占全市总人数的比重 x_6	百分比	0.0949
	旅游人均消费 x_7	元	0.1485
	A 级景区数 x_8	个	0.0801

续表

协调系统	评价指标	指标数值单位	权重
区域经济系统 $E(y)$	GDPy_1	亿元	0.1084
	人均 GDPy_2	元	0.0820
	第三产业产值比重 y_3	百分比	0.0474
	固定资产投资 y_4	亿元	0.0472
	社会消费品零售总额 y_5	亿元	0.1055
	农村居民人均纯收入 y_6	元	0.0292
	城镇居民人均可支配收入 y_7	元	0.0717
	财政收入 y_8	亿元	0.1015
	进出口总额 y_9	亿元	0.0773
	旅客运输量 y_{10}	万人	0.0636
	邮电业务量 y_{11}	亿元	0.1886
	城镇新增就业 y_{12}	万人	0.0775

运用式(1)、(2)及熵值赋权法算出 2020 年江西省 11 个地市旅游产业与区域经济的综合评价指数，运用式(3)、(4)得到结果如表 4-3。

表 4-3 江西省旅游产业与区域经济协调数值及评价

区域	$F(x)$	$E(y)$	协调度 C	协调度发展 D	协调等级	对比类型
南昌	0.7942	0.9084	1.0000	0.9950	优质协调	旅游产业滞后型
景德镇	0.1042	0.1646	0.9670	0.1140	严重失调	旅游产业滞后型
萍乡	0.1060	0.1640	0.9930	0.1190	严重失调	旅游产业滞后型
九江	0.7226	0.4233	0.9030	0.7500	中级协调	区域经济滞后型
新余	0.1122	0.1930	0.9010	0.1840	严重失调	旅游产业滞后型
鹰潭	0.1129	0.1827	0.9570	0.1730	严重失调	旅游产业滞后型
赣州	0.6099	0.4054	0.9720	0.7010	中级协调	区域经济滞后型

续表

区域	$F(x)$	$E(y)$	协调度 C	协调度发展 D	协调等级	对比类型
吉安	0.2742	0.2798	0.9800	0.4530	轻度失调	旅游产业滞后型
宜春	0.4383	0.2610	0.8390	0.5130	轻度失调	区域经济滞后型
抚州	0.3226	0.1594	0.3430	0.2380	中度失调	区域经济滞后型
上饶	0.7691	0.3440	0.8130	0.7000	中级协调	区域经济滞后型

从表4-3可看出，江西各设区市旅游产业和区域经济的综合评价指数差异较大，区域经济综合差异程度大于旅游产业差异程度，首位突出，整体呈现不均衡态势。

从单个系统值大小来看，旅游产业综合发展水平最高的是南昌，其综合评价值为0.7942，最低的为景德镇，其综合评价值为0.1042。按数值可将地区旅游产业发展分为4个等级：第一等级为南昌、上饶、九江、赣州，其综合值 $F(x)\geq0.6$。第二等级为宜春，其综合值为 $0.4\leq F(x)\leq0.5$。第三等级为抚州、吉安，其综合值为 $0.2\leq F(x)\leq0.4$。第四等级为萍乡、新余、景德镇、鹰潭，其综合值为 $0.1\leq F(x)\leq0.2$。

区域经济综合发展水平最高的为南昌，其综合评价值为0.9084，最低的为抚州，其综合评价值为0.1594。按数值也可分为4个等级：第一等级为南昌，其综合值 $E(y)\geq0.9$。第二等级为九江、赣州，其综合值为 $0.4\leq E(y)\leq0.5$。第三等级为上饶、吉安、宜春，其综合值为 $0.2\leq E(y)\leq0.4$。第四等级为新余、鹰潭、景德镇、萍乡、抚州，其综合值为 $0.1\leq E(y)\leq0.2$。

此外，从旅游产业 $F(x)$ 与区域经济 $E(y)$ 值对比来看，南昌、景德镇、萍乡、新余、鹰潭、吉安区域经济综合评价值大于旅游产业，属于旅游产业发展滞后型。九江、赣州、宜春、抚州、上饶区域经济综合评价值小于旅游产业，则表明旅游产业发展很快，这些区域属于经济发展相对滞后型。

综合分析，南昌、九江、上饶在江西省内属于旅游产业和经济综合发展水平较成熟区域，景德镇属于旅游产业和经济综合发展水平较低区域，发展潜力有待挖掘。其他区域则属于发展相对成熟区域,还有发展上升空间。

由表4-3分析,江西11个设区市的协调度整体偏低,缺少优质及良好协调区域。按照协调数值的大小将其划分为2大类5小类。

一大类为协调地区:南昌、九江、赣州、上饶。

南昌为优质协调地区,九江、赣州、上饶为中级协调地区。多年来,南昌综合经济实力在全省一直保持领先地位。因是省会城市,其基础设施和服务水平较高,南昌昌北机场是江西省唯一一个4E级机场,城镇居民可支配收入高,旅游消费能力较强,旅游市场需求旺盛。九江是江西省综合实力排名第三的城市。坐拥世界文化遗产、国家AAAAA级旅游景区、世界地质公园庐山,对国内外游客具有较强吸引力,旅游综合收入多年保持江西领先地位。赣州是国家历史文化名城,在拥有众多文化景点的同时,也坐拥许多自然景观,共和国摇篮景区、安远三百山景区相继发展成为江西AAAAA级旅游景区,赣州市正利用这一优势大力发展旅游业。上饶是江西旅游发展的新秀城市,拥有世界自然遗产、世界地质公园、国家AAAAA景区——三清山,国家AAAAA景区中国最美的乡村——婺源江湾。随着杭南长、京福两条高铁的开通,上饶交通区位优势更加凸显。

另一大类为失调地区:景德镇、萍乡、新余、鹰潭、吉安、宜春、抚州。

失调地区又分为严重失调地区中度失调地区和轻度失调地区。景德镇、萍乡、新余、鹰潭为严重失调地区,抚州为中度失调地区,吉安、宜春为轻度失调地区。景德镇因陶瓷享誉全世界,为国家陶瓷文化传承创新试验区所在地,在全省入境游客和外汇收入指标中处领先地位。萍乡是中国工人运动的策源地,拥有国家级风景名胜区武功山。新余拥有国家重点风景名胜区仙女湖、洪阳古洞、昌山古刹和严嵩万年桥等一批自然和人文景观。鹰潭拥有世界地质公园及世界自然遗产龙虎山、上清国家森林公园和龟峰国家森林公园。抚州先后荣获"国家森林城市""国家园林城市"等多个称号,拥有国家AAAAA级旅游景区大觉山风景区。此5个设区市经济综合实力弱于南昌、九江、赣州、上饶,基本上处于中后位，因此形成了严重失调或中度失调的局面。在吉安、宜春这 2 个设区市当中，吉安有国家 AAAAA 级旅游景区井冈山，渼陂古村、中国进士文化园、三湾改编景区等 AAAA 级旅游景区。宜春有国家级风景名胜区明月山，有中部梦幻城、巴夫洛生态谷旅游景区、天工开物文化园景区等 AAAA 级旅游景区。旅游资源丰富，但禀赋程度相对较低。旅游产业与区域经济没有形成良好的互动机制，因此制约了两者的协调水平，形成了失调的局面。

4.2　江西省旅游业区域发展差异性分析

2011 年至 2020 年十年期间，江西省旅游发展总体呈现上升趋势，旅游总收入从 2011 年的 1106 亿元增长到 5424 亿元，年均增长率 39.04%。旅游总人数从 2011 年的 16000 万人次增加至 2020 年的 55600 万人次，年均增长率 24.75%。两者整体增长速度均高于国内旅游发展速度，尤其 2011 年开始，旅游人数、旅游收入增长幅度加大，这与 2011 年后政府大力发展旅游业以及国内民众日益增长的旅游消费能力有着密不可分的联系。旅游发展总体水平仍然较低，据统计，2011 年至 2020 年全国 31 个省、自治区、直辖市旅游外汇收入排名，江西长期居于后位，中部六省排名倒数第一，而周边的广东、福建、浙江、江苏均是旅游大省，排名前位，尤其是广东连年第一。

4.2.1　江西旅游业的均衡性分析

为了全面、准确地衡量江西旅游业区域发展的差异，本节采用变差系数（*CV*）、基尼系数（*G*）、首位度（*S*）、赫芬达尔系数（*Hn*）4 个指标分析 2011—2020 年江西各地市旅游收入数据，这 4 个指标的值越大，旅游业区域发展差异越大。所有数据来源于《江西统计年鉴》。

由表 4-4 可知，*CV*、*G* 从 2011 年的 0.5190、0.0423 降到 0.5068、0.0384，江西各地市国内旅游的相对差异在逐步缩小。江西各地市旅游首位分布不明显，*S* 十年数值大部分在 2 以内，江西省各地市旅游发展整体属于结构正常、集中适当状态。研究期间，*Hn* 数值不断减小，江西各地市旅游从集中分布向扩散分布发展。整体看来,2011—2020 年江西各地市 *CV*、*G*、*S*、*Hn* 均呈现下降趋势。综合分析得出,江西旅游相对差异、集中度都有降低趋势,总体发展处于逐步均衡状态。

表 4-4 2011—2020 年江西旅游发展差异及变动表

年份	*CV*	*G*	*S*	*Hn*
2011	0.5190	0.0423	2.0127	0.1087
2012	0.5644	0.0401	1.9892	0.1087
2013	0.6382	0.0408	1.9937	0.1078
2014	0.6322	0.0423	1.9896	0.1075
2015	0.6540	0.0410	2.0265	0.1087
2016	0.6117	0.0406	1.9819	0.1103
2017	0.5565	0.0401	1.9822	0.1014
2018	0.5359	0.0397	1.8790	0.0993
2019	0.5252	0.0393	1.6107	0.0988
2020	0.5068	0.0384	1.5762	0.0197

4.2.2 江西旅游业经济差异分析

本节在分析江西旅游的经济差异时,将选取区域内各地市旅游收入的增长率、旅游收入占全省旅游总收入的比值、旅游收入占当地生产总值的比例经济指标作为研究对象,分别代表旅游业的产业增长能力、旅游业的现有市场规模和产业地位、旅游业在区域经济发展中的贡献作用。这 3 个数值在一定程度上反映了江西各地旅游业的竞争力。

表 4-5　江西区域旅游经济指标

地区	国内旅游收入平均增长率(%)	2020 年旅游总收入占 GDP 比重(%)	2020 年各地市旅游收入占全省旅游总收入比重(%)
南昌	24. 24	17. 55	3. 92
九江	22. 09	31. 07	3. 92
景德镇	18. 48	37. 97	1. 41
萍乡	15. 27	23. 86	0. 89
新余	17. 03	16. 45	0. 64
鹰潭	17. 38	24. 97	0. 95
赣州	19. 49	18. 12	2. 57
宜春	26. 74	18. 45	2. 00
上饶	15. 39	18. 80	1. 92
吉安	10. 57	15. 94	1. 35
抚州	23. 47	24. 60	1. 51
平均值	19. 10	23. 00	1. 92

注:各地市国内旅游收入根据 2011—2020 年数据计算。

从表 4-5 可知,国内旅游收入平均增长率最高的为宜春,超过平均值的地区有南昌、九江、赣州、宜春、抚州。南昌、九江、赣州、宜春、抚州地区旅游产业增长能力较强。景德镇、萍乡、新余、鹰潭、上饶、吉安等地区旅游产业增长能力较弱。

2020 年各地旅游收入占当地 GDP 的比重最高的地区为景德镇,超过平均值的地区为九江、景德镇、萍乡、鹰潭、抚州,这意味上述地区旅游行业影响政府政策导向和社会资本投资的能力较强,对当地旅游业的发展更为有利。2020 年各地市旅游总收入占全省旅游总收入比重最高的地区为南昌,超过平均值的地区为南昌、九江、赣州、宜春,这说明上述地区旅游产业的地位和规模仍处江西前列。

综合3项指标,目前九江旅游业竞争力最强,南昌、赣州、宜春、抚州其次,其他地区为最后梯队。

4.2.3 江西旅游资源禀赋差异分析

本部分在分析江西省旅游资源禀赋的差异性时,主要用A级景区丰度来衡量一个地区资源禀赋的优劣。根据前期相关学者研究结论,结合江西A级景区数据,得出江西A级景区密度及排序表。

景区丰度计算公式 $A=5X_1+2.5X_2+1.5X_3+0.75X_4$,其中 X_1、X_2、X_3、X_4 分别代表AAAAA、AAAA、AAA、AA景区数,5、2.5、1.5、0.75代表AAAAA、AAAA、AAA、AA的权数。

表4-6 江西11个地市景区丰度及排序表

地区	南昌	九江	景德镇	萍乡	新余	鹰潭	赣州	宜春	上饶	吉安	抚州
密度	88.25	67.50	55.75	28.00	11.25	26.50	109.00	86.25	128.50	81.00	137.00
排序	4	7	8	9	11	10	3	5	2	6	1

从表4-6显示,江西各地区的资源丰度与旅游发展排名基本相符。景区丰度最高的地方为抚州,其次为上饶、赣州。从旅游发展实践来看,抚州、上饶目前也是江西旅游发展较好的地区。赣州的景区丰度高,高级资源数量相对较少,AAAAA级旅游景区拥有量2个,赣州旅游发展处于抚州、上饶之后。新余、鹰潭的景区丰度低,但鹰潭拥有1个AAAAA级旅游景区,因而得以排名中后位。值得注意的是,景德镇的资源丰度在省内排名较后,但旅游发展却在中前位。

4.2.4 江西旅游业发展差异性的原因分析

1. 旅游资源禀赋度不一

以旅游资源为物质基础的旅游业是构成旅游产业的核心要素。在不同类型、不同等级的旅游资源当中,高级别的旅游资源对旅游者有较强的吸引力。江西各区域旅游资源类型丰富,除具有代表性的井冈山革命遗址、瑞金共和国摇篮景区等红色资源,还拥有绿、古、蓝等多项资源类型,如三清山、庐山西海、龙虎山、客家围屋等。相对于全国而言,区域内高级别的旅游资源较少,且分布较为集中。例如江西 AAAAA 级旅游景区数量仅占全国的 4.4%,与江苏、浙江相比差距较大。此外,江西省 14 个 AAAAA 级旅游景区,赣东北就有 5 个,占总数的 36%。目前拥有高品质资源的上饶、九江等地旅游发展位居江西前列,而赣州、抚州等区域较为薄弱。就全国而言,高级别旅游资源的绝对丰度和相对丰度对国内旅游收入具有显著的正向贡献力,就中部而言,AAAA 级旅游景区、AAAAA 级旅游景区和世界遗产对国内旅游收入均具有显著的正向贡献力。

表 4-7 2022 年全国各省份 AAAAA 景区数量

省份	数量	省份	数量	省份	数量	省份	数量
北京	8	黑龙江	6	山东	14	重庆	11
天津	2	上海	4	河南	15	四川	16
河北	11	江苏	25	湖北	14	贵州	9
山西	10	浙江	20	湖南	11	云南	9
内蒙古	6	安徽	12	广东	15	西藏	5
辽宁	6	福建	10	广西	9	陕西	12
吉林	7	江西	14	海南	6	甘肃	7
宁夏	4	青海	4	新疆	16		

注:旅游景区质量等级划分为五级,AAAAA 级为最高等级,代表着中国世界级精品的旅游景区等级。

2. 经济发展水平不一致

作为区域性旅游,城市的经济发展水平能促进和决定旅游业的发展水平。一般来说,衡量城市经济实力的指标通常有国内生产总值、人均 GDP、城乡居民收入等。2020 年江西省 GDP 总量排名 15 位,人均 GDP 低于全国平均水平。江西旅游发展总体水平是不断提高的,区域之间相对差异也在降低。但是由于江西省本身经济基础较为薄弱,与其他省旅游发展的差异还是较大。九江,江西著名休闲旅游城市,区域内的西海景区号称江西的“千岛湖”,但与浙江千岛湖相比,虽同属湖泊类资源,因所在区域经济发展等原因,旅游发展差异较大。此外,江西许多地区都属于国家贫困县,尤其是赣州某些区域,排名基本属于江西经济发展末位。经济薄弱使得当地政府在旅游基础设施建设方面滞后,许多景区即便早已经被评为 AAAAA 景区,如龙南的关西新围、会昌汉仙岩,但依旧存在旅游要素配套不完善的情况。

3. 政策扶持利用度不同

旅游业已经成为各地政府国民经济中的重要组成部分,由政府主导,更由政府引导,因此政府对旅游业的政策支持是旅游业的重要外生动力。各地在支持旅游业发展方面也是力度不一,以红色旅游这项政策性极强的旅游产业为例,从 2011 年《2011—2015 年全国红色旅游发展规划纲要》出台到 2016 年《2016—2020 年全国红色旅游发展规划纲要》发布,6 年时间内,中央财政投资近百亿元,帮助和扶持红色旅游发展。江西借助国家推动红色旅游发展的契机,于 2005 年起开展红色旅游,井冈山风景名胜区 2007 年就评上江西首批 AAAAA 景区。但是作为中央红军长征的集结地、长征精神发源地、著名红色旅游县的于都,在旅游知名度及旅游人气上与井冈山存在较大差距,一直居江西旅游发展中后位。中央在 2012 年和 2021 年先后出台了《国务院关于支持赣南等原中央苏区振兴发展的若干意见》和《关于新时代支持革命老区振兴发展的意见》,但与井冈山相比,瑞金、于都的行政管理级别、财政支持投入、景区宣传力度以及政府政策扶持依旧存在差距。

4. 区位状况的差异化

江西地处于长三角、珠三角以及中部人口密集区域,与湖南、安徽等地相比,区域内交通状况较差。因文化的同缘性,周边地区游客在旅游动机、旅游产品类型选择、旅游消费等方面的差异并不显著,更多地依赖旅游景区的区位状况及旅游产品的吸引力。江西虽然资源禀赋程度较高,但是资源同质性情况也较为普遍,因此区位状况更显突出。目前上饶、南昌、九江等区域状况较好,尤其是上饶区域,自高铁站建立后,从上饶乘火车直达北京仅需 7 小时,至浙江、福建、安徽等省核心城市均在 2 小时左右。赣南区域的区位状况较差，安远、寻乌至今无火车运行，这就导致旅游阴影效果明显，无法凸显赣州旅游资源的绝对价值。据调查，寻乌青龙岩风景区，2020 年被评为国家 AAAA 级旅游景区，因寺雄、岩奇、山青、水秀，素为寻乌八景之最，又因地处东江源头，故又被称为“东江源头第一岩”。它是典型的丹霞地貌，气势磅礴，风景优美，但游客数量十分稀少。除安远县自身交通因素，这与景区内交通不便有着密切的联系。周边区域如广东、福建、湖北等省高铁四通八达，区域的可进入性较强。

综上分析，江西旅游业发展已初具规模和成效，旅游发展由集中向扩散发展，由于资源禀赋、经济发展水平、政策扶持力度等条件的差异，导致江西旅游业发展总体水平仍然较弱，其区域差异性较为明显。根据 2021 年《江西省“十四五”文化和旅游发展规划》的相关内容，要求优化文化和旅游发展布局，完善现代旅游业体系，推进江西文化和旅游高质量发展。缩小区域差异性是促进江西文旅高质量发展的关键，也是旅游经济可持续发展的必然要求和实现国民经济的战略性支柱产业目标客观需求。

4.3　江西省全域旅游的发展现状

4.3.1　健全的机制体制

不断推进旅游机制体制创新、完善旅游治理体系，为全域旅游的发展提供重要保证。近年来，我国旅游管理体制改革力度不断加大，促进旅游业大步向前发展，给旅游强省和文化强省建设带来强大动力，自 2014 年 3 月江西省旅游局改名为江西省旅游发展委员会以来，2016 年 3 月江西省 11 个设区市均完成“局改委”工作。到 2017 年 12 月，江西省 11 个设区市和 100 个县（市、区）全部完成“局改委”任务，改委率高，覆盖全省。与此同时，在庐山顺利设市、旅游集团顺利成立之后，武功山的经营管理体制改革也在稳步进行，省旅游集团的混合所有制改革以及各地区的旅游综合改革也在稳步进行。2018 年成立江西省文化旅游厅，促使江西省 11 个设区市及 100 个县（市、区）于 2019 年 3 月前全部挂牌成立“文化广电新闻出版旅游局”，较早地完成了省市县级文化旅游主管机构职能调整及“三定”任务，切实消除了制约文化旅游事业发展的体制机制障碍。随着文化旅游机构改革工作的结束，江西省文旅系统着眼发展全局，以理念融合为主线，在理念深处打好文旅融合的根基，促进文化和旅游深融合真融合，以职能融合为重点扎实做好机构改革工作。从7个国家全域旅游创建单位得出经验：成立党政主要领导挂帅、四套班子和相关部门共同参与的全域旅游工作领导小组，旅游发展的主要动力从“部门推动”变为“党政统筹”；连续几十年把旅游工作作为政府年度考核重要指标，建立联席会议机制，形成工作合力；建立旅游综合监管机制，成立旅游警察、工商旅游分局、旅游巡回法庭等旅游综合执法机构；鼓励各地发展旅游行业组织，提高旅游社会化管理与监督水平。

例如，在创新党政领导体制机制方面，上饶市婺源县组建了以县委书记为组长的专门工作小组。2017年，婺源县推进“党建+全域旅游”，打造“景村”党建品牌，全面构建服务全域旅游的党建工作运行体系；创新旅游综合管理体制，全面开启旅游管理体制改革工作，2017年成立婺源县旅游发展委员会兼职委员会；加大旅游综合执法改革，积极创新旅游管理方式，成立婺源县旅游市场联合执法调度中心（简称“旅游110”），并率先在全省建立“1+3+N”的旅游综合执法模式，首创旅游诚信退赔中心。

为促进婺源旅游的文明和谐，婺源“旅游110”建立了旅游先行赔付制、餐前消费确认制、事前旅游约谈制、企业承诺制等创新举措。婺源积极实行旅游诚信金和先行赔付制度，全县的旅游购物点需要向县级财政缴纳一定数额的诚信金，当旅游企业发生不诚信行为时，婺源县旅游经济发展中心会第一时间进行赔付，游客不必在景区等待处理，从而避免旅游心情受到影响。

为保护消费者权益，婺源“旅游110”建立了餐前消费确认制，消费者点好菜之后，服务人员需要先在点餐单上标注好价格，由消费者签字确认后方可下厨。婺源的每家餐馆基本都在店内醒目的位置安装了餐前消费价格确认制度牌。除此之外,婺源旅游监察大队在每年旅游旺季前都会针对旅游市场可能存在的乱象行为进行约谈,实行事前旅游约谈制,针对可能存在的隐患及时进行提醒和纠正,做到防患于未然,同时针对一些不合理低价团现象进行摸底,采取企业承诺制,切实保护消费者权益。

4.3.2　完善的政策保障

完备的政策体系能够为全域旅游的发展提供基本保障。在全域旅游政策制定的过程中,应该以问题为导向,解决全域旅游发展的瓶颈问题,为旅游发展保驾护航,总体上降低旅游业发展的风险。全域旅游政策主要包括全域旅游支持政策、财政投入政策、投融资政策、土地政策和人才与教育政策等。其中,全域旅游支持政策是综合性政策,财政政策、投融资政策、土地政策、人才与教育政策是部门专项政策。同时,通过充分发挥规划对全域旅游发展的引领与统筹作用,为全域旅游科学健康可持续发展提供规制,确保全域旅游发展方向正确,降低全域旅游发展风险。在江西省人民政府办公厅印发的《江西省人民政府办公厅关于推进旅游业高质量发展的实施意见》文件中,明确提出了要将强化组织领导、政策支持、人才智库、监督考核作为旅游业发展的保障措施,促进全域旅游示范省建设。鼓励政府出台支持全域旅游发展的综合性政策,促进党政统筹工作机制化。鼓励各部门分别出台或联合出台支持全域旅游发展的相关政策,形成部门良性互动、相互支持的工作格局,并取得产业协同发展的实际效果。通过政策的实施,增强其他部门的旅游工作意识和责任意识,形成全域旅游长效发展的领导力和整合力,防止党政统筹、部门联动只停留在纸上。

例如,安源区在全域旅游的发展建设中,政府已为其提供完善的政策保障。高标准编制《安源区全域旅游总体规划》,并深入推进与区域国土空间等规划"多规合一",出台《安源区创建全域旅游示范区工作方案》《关于全面推进全域旅游发展的实施意见》《安源区旅游发展专项资金使用管理办法》等政策性文件。统筹全区旅游产业发展专项资金从 2018 年的 2800 万元逐年提升至 2020 年的 5000 万元,累积筹措各项资金 6 亿元用于支持旅游基础设施配套建设,从政策和资金层面保障工作顺利开展。

在产业定位方面,安源区坚持把旅游业作为战略性支柱产业来抓,在国民经济和社会发展第十四个五年规划纲要中明确发展的总体目标是:全区在探索社会主义现代化的路子上迈出坚实步伐,基本形成发展活力充沛、创新能力突出、产业结构优化、要素流动顺畅、生态环境优美、人民生活幸福的经济社会高质量发展模式,为全力打造赣西都市圈高质量发展的核心支点打下坚实基础。财政局、安全生产委员会、发改委、政府办等出台了一系列全域旅游发展专项政策文件,落实情况良好。2019 年、2020 年安源区旅游综合收入分别为 100. 26 亿元、171. 3 亿元,2019 年旅游业增加值占 GDP 比重为 9. 77%,2020 年旅游业增加值占 GDP 比重为 31. 9%,旅游业已经名副其实地成为安源区服务行业的支柱性产业。

在规划编制方面,安源区邀请专业公司和专家团队以全域旅游发展理念做好规划顶层设计,认真制订了《安源区全域旅游发展规划》,呈报区人大常委会审查、督促落实,确保了创建活动的顺利进行。为进一步强化全域旅游规划的可操作性,针对某些专项领域或优势领域,还进行了具体化和落地化的详细规划与设计。为更好地监督全域旅游创建工作,区人大常委会对全域旅游示范区重点项目建设督导已成为常态化工作。

在多规融合方面,安源区以全域思维为指导创新规划模式,安源区城乡建设、土地利用、生态环境(林地、生态红线、水源保护)等法定规划主要服务于全域旅游发展需求。目前编制的休闲农业与乡村旅游发展规划等一系列规划与旅游深度融合,基本形成“行行为旅游,旅游为行行”和“共建、共享、共荣”的大安源旅游发展格局。

在财政金融支持政策方面,安源区制定了《安源区旅游产业发展专项资金使用管理办法》,为旅游业发展提供启动资金和引导资金,扶持和引导旅游项目的发展。2022 年初,安源旅游景区基础设施项目已上报省发改委完成审批,申报 2022 年中央预算内资金约 2400 万元。对于需要政府大力扶持的乡村旅游和旅游公共类项目,会优先安排政府贷款贴息政策。

在土地保障政策方面,安源区在旅游分类用地模式与政策上进行了探索与创新,优先保障旅游用地,破除旅游业用地的束缚。安源区通过探索创新旅游分类用地模式与政策,确保乃至优先保证旅游用地,打破旅游业用地约束,推动土地要素的有序流动与合理配置,建立起旅游用地保障的新渠道。

在旅游人才方面,安源区强化本地干部和一线从业人员的培训,提高旅游从业人员的素质。常规化地开展生态文明与旅游经济、全域旅游经济、导游讲解等专题培训班,专门从各部门调动一批年轻、有学历、富有干劲的干部挂职。

4.3.3　完备的公共服务

在 2021 年江西省人民政府办公厅出台的《江西省"十四五"文化和旅游发展规划》中,明确提出了要推进城乡公共文化服务体系一体化建设,逐步形成主城区和中心镇 15 分钟、一般村镇 20 分钟的"公共文化服务圈"。加速对现有文化和旅游公共设施的提升改造,提高设施设备现代化水平。要把"需求导向,补齐短板,创新共享"作为建设线索,加快旅游公共服务体系建设步伐,全面建成与大众旅游、自驾车旅游等相匹配的结构完整、标准规范、质量过硬的旅游公共服务体系,推动旅游公共服务信息化、全域化发展,实现公共服务总量供给扩大,供给结构不断优化,空间布局科学合理。

在国家全域旅游示范区验收文件中,对公共服务提出了以下 4 个方面的要求:构建"快进""慢游"综合旅游交通网络;完善景区景点之间的交通配套设施;大力推进"厕所革命"实现全覆盖;积极推动智慧旅游发展。

在综合旅游交通网络方面,截至 2021 年底,全省公路总里程为 211101 公里,公路密度每百平方公里为 126.48 公里。高速公路将 28 个出省大道连通在一起,实现了县县通高速、县城半小时上高速的愿景。江西省是中国第三个在省内实现每县连通高速的省份,江西现已建成"四纵六横八射十七联"的高速公路规划网,形成"纵贯南北、横跨东西、覆盖全省、连接周边"的高速公路网络。在江西省现有的 5276 条客运路线中,一类客运班线有 575 条,乡镇和行政村的客运通达率达100%,已形成“城乡一体、干支相连”的公路客运网络。江西省拥有7个民航机场,目前正在使用的有南昌昌北国际机场、赣州黄金机场、吉安井冈山机场、景德镇罗家机场、九江庐山机场、宜春明月山机场、上饶三清山机场。在建机场有赣州瑞金机场,选址在叶坪乡境内,计划在2023年试飞通航,开通至北京、上海、广州、成都等城市的航班,将极大地促进瑞金旅游业的发展。发达的航班、高速公路网络和公路客运网络为江西全域旅游的发展提供了坚实的保障,形成进入江西景区的“快速”交通通道。

在城市和乡村旅游交通配套设施方面,江西省的旅游接待设施日益完善,服务能力大幅提升。为了促进旅游产业的高质量发展,江西省将加快构建和完善旅游交通便捷服务体系,促进旅游交通环境的大改善和服务的大提升。省内景区景点和风景名胜区以及文化景观要逐步列入省内道路交通标识,并在各区域科学设立旅游交通标识牌和完善省内旅游交通标识体系。各地区新建标识牌统一用棕色,左上部统一采用“江西风景独好”标识,每个标识牌所列景区名称个数不得超过3个。截至2020年底,江西省各市县均在主要公路上设置了醒目的旅游交通标识,各AAAA级以上景区已在高速公路旅游交通标识中实现全覆盖。与此同时,江西省以高速公路服务区、二级以上汽车客运站和码头为重点,加快构建集咨询服务、游客接待、推介展示、旅游集散和代理服务为一体的旅游咨询服务中心,2020年12月之前建成所有交通节点的旅游咨询服务中心,2021年12月之前实现省内交通节点旅游信息服务中心联网。在现有的停车场建设中,各景区着力推进生态停车场的建设,注重加强与城市园林景观、绿化等人居环境的协调,合理搭配绿化空间,选用透水砖、嵌草砖等材料铺装地面,落实海绵城市建设要求,不断改善停车场生态环境。

在推动“厕所革命”建设方面,江西省在2018年出台《江西省“厕所革命”三年攻坚行动方案》,文件中明确提出,到2020年全省完成新建公厕1.1万座、改建公厕0.5万座和农户改厕112万户的任务。省会南昌市每平方千米的公厕应当达到5座以上,其中二类公厕占比应当大于或等于75%;江西省其他城市每平方千米的公厕应当达到 4 座以上，其中二类公厕占比应当大于或等于 65%，步行 10 分钟以内有 1 座公厕，国道或者省道的车辆每行驶 2 小时或者 100 公里有 1 座公厕。旅游公厕应当在旅游景区、乡村旅游点实现全覆盖，居住人数达到 1000 人以上的乡镇最少要有 1 座无害化卫生公厕，农村无害化卫生公厕在公厕总数量中占比达到 90%以上。

在推进旅游服务的智慧化和信息化方面，在 2017 年，江西省旅游产业运行监测与应急指挥中心正式投入使用，为江西省智慧旅游建设新增多重抓手，也标志着大数据时代江西省旅游信息化水平迈上新台阶。该平台采用液晶屏+LED 滚屏组合式视频播放设备，并与视频信息传输系统配合使用，能够实现全省旅游景区视频监控的实时传输和展现，有助于加强全省主要景区景点及时、安全、科学和高效的监控与管理。该平台上的视频会议系统实现了与国家文旅部、省文旅厅及各景区景点的实时视频会议和紧急指挥，切实提高了管理部门在进行运行监管和应急管理时的效率；指挥中心后台系统中累积的大数据也能多维度地分析江西省旅游业运行状况，并为旅游业经营决策提供支持。除此之外，江西省文化和旅游厅引导各地景区利用互联网、AI、VR 等新技术，升级景区服务设施及智能化设备，让游客体验“一键式”畅游。同时，上线的“云游江西”江西智慧旅游平台，让游客足不出户就能饱览全省各地秀美风光，景区虚拟旅游系统会为游客呈现 360 度全景三维空间，并提供各种操纵图像功能，达到虚拟现实的效果。景区基本 WIFI 全覆盖，并且使用智能电子票务管理系统，提供线上全网分销、线下统一验证的票务管理解决方案，实现景区“购票—取票—验票”一体化。

在江西省吉安市的全域旅游发展建设中，吉安市全面升级旅游交通体系，构架全国客源地抵达吉安的“快旅”通道。井冈山机场新增 2—3 条航线，构建“米”字形航线布局，吞吐量达到 120 万人次以上。在 AAAA 级以上的景区和乡村旅游点设立旅游专线，大力推进利民惠民的公共交通系统建设，在各景区实现全覆盖。

为了给游客提供更加完善的服务体系,吉安建设了吉安西客站市级旅游集散中心和新干县、吉水县、泰和县高铁站县级旅游集散中心,为游客提供旅游咨询、线路选择、城市候机换乘、公交换乘、旅游购物、租车、线上预订等一站式服务;在井冈山机场候机楼、辖区高速公路服务区、吉安长运公交车站等场所设立游客咨询中心,每个县(市、区)游客咨询中心不少于2个;在高速公路服务区、景区连接线公路旁新建一批具备咨询接待服务功能的自助游客休息站点;进一步完善旅游集聚区、旅游景区、旅游特色小镇、乡村旅游点、游客中心服务功能,构建方便快捷的旅游服务体系。吉安还着力完善旅游标识体系,完善提升机场、火车站(高铁站)、水运码头、入城口主路段等重要节点交通指引标识,引导多语种化、规范化、标准化建设。按照规范要求设立旅游标识标牌、信息解说牌、方向导引牌、公共服务牌等,并进行定期维护,加强管理工作。

为加快推进市、县两级旅游大数据中心和智慧旅游网络搭建,吉安开通"一部手机游吉安"游客服务平台,该平台以微信小程序和公众号作为服务端口,在二维码的帮助下实现和游客的互动联系,使用起来更便捷快速。吉安的智慧旅游服务平台为游客提供了"全景式、全链条、全程化"的智慧旅游服务新体验。吉安市在2019年11月开展景区智慧化建设,目前14个景区已全部完成景区安全监控、闸机系统、WIFI建设和接入等任务。全市14个AAAA级以上景区已实现主要景点与旅游线路4G以上移动通信信号全覆盖,并实现WIFI网络在游客集散中心、景区出入口、缆车等候区等游客集聚区的信号覆盖,9个AAAA级以上景区(含1个免票景区)在原有基础上分别新建或升级了闸机系统,并接入了省智慧旅游大数据中心和智慧监管平台,实现了景区客流省市县三级实时掌控功能。

从2018年开始,吉安启动实施"厕所革命"三年攻坚行动,2021年已进入第三年。2021年,全市新改、新建厕所4289座,完成户厕整改6.04万座、公厕整改209座。各地积极在工业园区、城乡接合部、乡镇、农村规划建设公厕,填补此类区域无公厕的空白。同时,各地还加大了对步行街区、公园、广场等人流量密集区域公厕的规划建设,优化旅游厕所配置,完善旅游线路沿途厕所分布,建设一批独具风格的生态旅游厕所。

4.3.4　高质量的供给体系

旅游景区是旅游供给的重要载体之一,既能体现某地资源开发的水平和利用程度,又能从中窥见当地旅游业的发展状况。合理开发和利用旅游资源、对旅游景区进行规划建设和整改评选依旧是贯穿全域旅游发展阶段的主要工作。我国国家 AAAA 级景区的评选工作始于 2001 年,根据《旅游区(点)质量等级的划分与评定》对 A 级至 AAAA 级景区进行创建与评定,当时尚未涉及 AAAAA 级景区评价标准的制定。国家文化和旅游部自 2008 年开始进行 AAAAA 级景区的评选工作,此时形成了能够满足各类游客需求并沿用至今的 A 级至 AAAAA 级旅游景区等级结构。改革开放以来,江西省依托得天独厚的资源优势和地域文化,旅游业取得了跨越式发展,塑造了以"江西风景独好"为品牌的旅游形象,创建了一批富有吸引力的旅游景区景点。2017 年,"全域旅游"首次写入《政府工作报告》,在全域旅游战略的引导下,江西省旅游景区的数量持续增加。截至 2020 年 12 月,江西省拥有国家 AAAAA 级旅游景区 12 个,AAAA 级旅游景区 146 个。

为进一步考察江西省旅游资源开发潜力和丰富程度,本章运用旅游资源丰度指数,采取加权模型计算江西省 2011—2020 年各年份的旅游资源丰度,公式如下:

$$R=5X_1+2.5X_2+1.5X_3+0.75X_4$$

公式中,X_1、X_2、X_3、X_4 分别代表 *AAAAA*、*AAAA*、*AAA*、*AA* 的景区(景点)数量,5、2.5、1.5、0.75、0.25 分别为 *AAAAA*、*AAAA*、*AAA*、*AA* 的景区(景点)的加权数,经过计算结果如表 4-7 所示。

表 4-8 2011—2020 年江西省各景区旅游质量等级汇总表

年份	AAAAA 级	AAAA 级	AAA 级	AA 级	旅游资源丰度指数
2011	3	32	19	18	137.00
2012	4	33	22	20	150.50
2013	6	44	28	22	198.50
2014	6	65	61	37	311.75
2015	8	81	99	37	418.75
2016	8	96	117	38	484.00
2017	10	115	152	38	594.00
2018	11	136	195	38	716.00
2019	11	146	226	38	787.50
2020	12	146	227	38	794.00

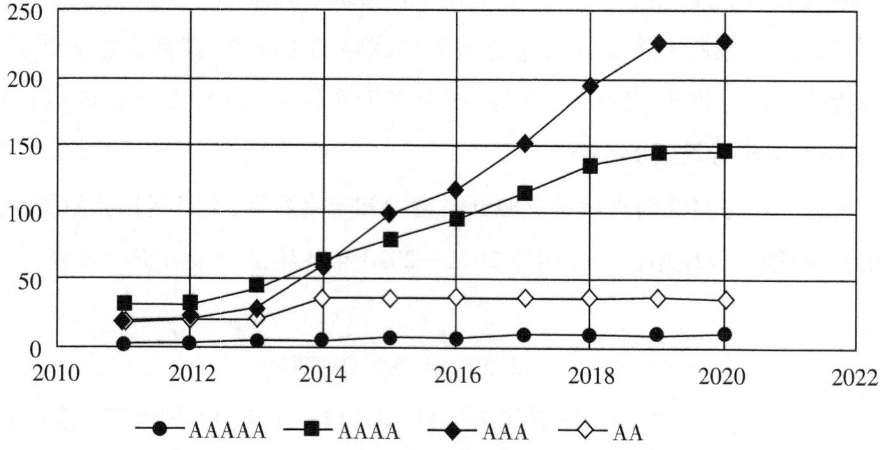

图 4-2 2011—2020 年江西省景区旅游质量等级变动趋势

从表 4-8 和图 4-2 中可以看出，江西省的旅游资源丰度指数从 2010 年的 137.00 增加到 2020 年的 794.00，增长幅度达 5 倍多，增幅最高的年份是在 2014 年，比 2013 年增长 57.02%。2012 年以来，江西省景区质量等级呈现稳步增长的态势，特别是 2015 年以来，在全域旅游相关政策的影响下，A 级景区的数量出现爆发式增长。从4种不同质量等级景区的具体变化来看,AAAAA景区由3个增加到12个,增长幅度达3倍,年均增速16.65%;AAAA级景区由32个增加到146个,增长幅度达3.6倍,年均增速18.37%;AAA级景区由19个增加到227个,增长幅度达10.9倍,年均增速31.73%;AA级景区由18个增加到38个,增长幅度达1.1倍,年均增速8.66%。从2011年至2020年,江西省A级景区的数目均在增长。其中,AAA级景区的增长速度最为迅猛,在所有景区中所占的数量比重也最大;AAAAA级景区增长速度较为缓慢,10年间新增9家,这也从侧面说明AAAAA级景区的评定要求较为严格。总体来看,江西省景区质量等级分布逐步形成一种中间大、两头小的纺锤形结构,即代表着中国世界级精品的AAAAA级旅游景区和面向周边市场、本地居民的AA级景区所占比重较低,而象征着国家级标准旅游景区的AAAA级景区和面向中端市场的AAA级景区所占比重较大。此种景区等级结构符合旅游市场的发展规律,也符合全域旅游全民共建共享的要求。说明江西省全域旅游发展战略实施有力,AAA级景区和AAAA级景区的发展速度和质量都得到了大幅度提升。

自从中国进入休闲旅游时代后,单一的、传统的人文景区或者自然景区已经不再能够得到消费者的喜爱,他们更倾向于能够缓解压力、放松心情的休闲旅游。休闲旅游是依托当地的景观资源和自然环境,将原本的以单一旅游资源要素为核心的旅游开发模式转化为环境建设型,构建起旅游和城市功能、居民生活、技术相结合的旅游开发模式。特色小镇是发展休闲旅游的关键载体,也是发展全域旅游的重要依托。特色小镇是指以某种产业或者环境因素为特色打造的一种旅游产品和业态,这种旅游产品有明确的产业定位、特定的文化内涵、明显的旅游特征和一定的社区功能,是旅游景区、消费产业聚集区、新型城镇化发展区三区合一的新型城镇化模式。目前,特色小镇建设形态各异,在自然、文化、生态等方面独具特色和吸引力,并已经形成旅游产业和第一二三产业深度融合的发展状态,这在某种程度上给全域旅游的发展带来了新的活力。同时,全域旅游也在不断推动特色小镇的前进步伐,为小镇创造品牌、经济、生态等方面的效益。如在全域旅游的大背景下,单一的景区景点旅游开始向区域、城市或者小城镇的全域旅游转变,一些地方率先启动全域旅游示范区的创建工作,一批特色小镇也应运而生。全域旅游能够推动区域内旅游硬件设施的改善,促进特色小镇整体形象的提升和发展质量的提高,有利于产业升级,从而实现区域内旅游综合效益的最大化。

截至 2021 年 9 月,江西省共有旅游特色小镇 69 个,其中南昌市 8 个、九江市 9 个、上饶市 11 个、抚州市 6 个、宜春市 7 个、吉安市 6 个、景德镇市 2 个、萍乡市 6 个、新余市 2 个、赣州市 7 个、鹰潭市 5 个。具体分布如下图所示:

表 4-9 江西省旅游特色小镇分布表

地区	旅游特色小镇	地区	旅游特色小镇
南昌市	湾里区太平镇	九江市	庐山区海会镇
	安义县石鼻镇		武宁上汤乡
	南昌县幽兰镇		湖口县武山垦殖场旅游小镇
			永修县柘林镇
	进贤县李渡镇		庐山西海司马旅游小镇
	进贤县文港镇		修水县修水温泉小镇
	南昌县黄马乡风情小镇		武宁县杨洲康养小镇
	南昌县冈上旅游风情小镇		永修县吴城镇
	红谷滩新区绿地卢塞恩小镇		瑞昌市铜岭剪纸小镇
抚州市	南丰县琴城镇	吉安市	万安县高陂镇
	黎川县日峰镇		井冈山茨坪镇
	乐安县金竹畲族乡风情小镇		青原区文陂镇庐陵旅游小镇
	金溪县香谷小镇		井冈山市大陇镇
	广昌县驿前莲花风情小镇		安福县泰山旅游风情小镇
	宜黄县中秋小镇		遂川县草林红圩特色小镇

续表

地区	旅游特色小镇
宜春市	靖安县宝峰镇
	明月山温汤镇
	高安市华林山风情小镇
	铜鼓县大塅镇
	丰城市丽村镇
	奉新县澡溪镇
	靖安县三爪仑知青小镇
上饶市	广丰县铜钹山镇
	婺源县篁岭
	玉山七里街
	婺源县梦里老家演艺风情小镇
	上饶县翼天灵山工匠小镇
	三清山中国道文化园逍遥谷
	婺源县水墨上河旅游风情小镇
	余干县河埠老街风情小镇
	德兴市香屯街道江村
	余干县一里小溪
	德兴市青舍里风情小镇
景德镇市	浮梁瑶里镇
	乐平市洪岩小镇

地区	旅游特色小镇
赣州市	宁都县小布镇
	龙南虔心小镇
	石城县大畲村
	上犹县陡水旅游小镇
	会昌县洞头乡畲族风情小镇
	石城县闽粤通衢旅游风情小镇
	定南县岿美山钨矿小镇
鹰潭市	贵溪市塘湾镇
	贵溪漳坪畲族乡
	龙虎山上清古镇
	余江县红雨蓝田红色教育小镇
	龙虎山华泉小村
萍乡市	莲花县琴亭镇
	莲花县沿背红色培训小镇
	上栗县鸡冠小镇
	安源区安源旅游风情小镇
	芦溪县凤栖旅游风情小镇
	安源区五陂海绵风情小镇
新余市	仙女湖欧里镇
	仙女湖区凤凰湾爱巢小镇

目前,许多小镇都在利用特色小镇的优势发展特色旅游产业,如鹰潭市贵溪市的上清镇、上饶市婺源县的江湾镇、宜春市袁州区的温汤镇都是 2016 年第一批中国特色小镇之一,旅游产业已成为这些小镇的发展重点。截至 2020 年,江西省投入约 507 亿元支持特色小镇的新建、改扩建产业项目,已经逐渐成为

推动江西传统旅游业态创新发展的重要引擎，为江西全域旅游的发展提供了重要的动力支持。

作为旅游业吃、住、行、游、购、娱六大要素之一，旅游住宿业是十分关键的一环。截至 2021 年，江西省共有星级饭店 362 家，其中五星级 19 家、四星级 149 家、三星级 177 家、二星级 17 家。在江西省的 39 个全域旅游示范区中，星级酒店和精品民宿均占一定数量，如表 4-10 所示。

表 4-10　江西省 39 家全域旅游示范区星级酒店和精品民宿数量表

序号	地区名称	星级酒店	精品民宿
1	九江市武宁县	3	9
2	九江市修水县	3	5
3	九江市永修县	3	3
4	九江市庐山市	4	6
5	九江市彭泽县	3	0
6	宜春市靖安县	2	14
7	宜春市铜鼓县	1	2
8	赣州市石城县	1	7
9	赣州市上犹县	1	5
10	赣州市全南县	1	5
11	赣州市龙南县	3	10
12	赣州市瑞金县	6	2
13	赣州市于都县	3	1
14	赣州市崇义县	2	1
15	赣州市大余县	2	0
16	赣州市安远县	2	0
17	景德镇市珠山区	0	12

续表

序号	地区名称	星级酒店	精品民宿
18	景德镇市浮梁县	0	5
19	景德镇市昌江区	3	10
20	南昌市安义县	1	5
21	南昌市湾里区	2	20
22	南昌市南昌县	3	0
23	抚州市乐安县	0	30
24	抚州市南丰县	2	10
25	抚州市黎川县	2	1
26	抚州市资溪县	2	4
27	上饶市玉山县	6	0
28	上饶市婺源县	7	130
29	上饶市弋阳县	3	0
30	上饶市广丰区	7	1
31	新余市分宜县	0	0
32	新余市渝水区	3	0
33	鹰潭市	4	20
34	吉安市安福县	1	3
35	吉安市青原区	2	1
36	吉安市井冈山市	6	5
37	吉安市吉州区	4	0
38	萍乡市芦溪县	0	0
39	萍乡市安源区	10	0

4.3.5 卓越的环境质量

国家全域旅游示范区验收文件中指出,全域旅游发展要严格保护好地方的自然资源和人文资源,注重为旅游发展营造良好的整体环境,同时更加强调发挥旅游的综合带动功能,以发展旅游推动地方保护和修复资源、改善和优化环境的进程。

绿色生态是江西最大的财富、最大的优势、最大的品牌,江西秀美的生态特色越来越凸显。习近平总书记曾赞誉"庐山天下悠、三清天下秀、龙虎天下绝",鄱阳湖被誉为"世界湿地、候鸟王国"。2020 年,江西省森林覆盖率稳定在 63.1%,自然保护地数量达 547 处,占国土面积的 11.46%;湿地保有量 91 万公顷,城市建成区绿地率全国第二,率先实现"国家森林城市""国家园林城市"设区市全覆盖;完成废弃矿山生态修复 6.6 万亩,治理水土流失面积 12.7 万公顷。近几年,江西省一直坚定不移地实施生态立省、绿色发展战略,提出"既要金山银山,更要绿水青山"的口号,制定了"五个一流"的建设目标,即一流的水质、一流的空气、一流的生态,一流的人居环境,一流的绿色生态保护建设管理机制。随着全省推进绿色生态战略的逐步实施,江西将成为青山常在、绿水长流的美丽生态家园。尤其是在江西提出建设成为东南沿海发达地区居民旅游休闲"后花园"目标基本实现的背景下,海内外游客旅游休闲的"后花园"的特色已经越来越明显。

江西为亚热带季风性湿润气候,冬暖夏凉。江西的地形以山地为主,山中的气温比平地气温要低,适合夏季避暑,江西丰富的避暑旅游资源有庐山、龙虎山、井冈山、三清山等;冬季山中气温较低,可以欣赏到雾凇、云海、雨凇、积雪等神奇美丽的气象景观。

2016 年,江西和福建、贵州一同入选首批国家生态文明试验区,率先进行了生态文明机制体制方面的改革,形成了一条富有江西特点的绿色发展之路。通过构建林长制、河长制、湖长制为核心的监管体系,实现生态环境和自然资源管理体制改革;通过设立生态环境监管机构,实现森林公安管理体制改革。出台一批与环境资源审判、生态综合执法、生态检察有关的生态司法制度，为江西的生态质量提供有力保障。严格的生态考核保护了独好的江西风景。自从江西省推行河长制后，地表水质量得到很大改善，达标率一直稳定在80%左右，其中城市集中式水源达标率为100%，在全国范围内处于较高水平。江西省的森林覆盖率也保持在63.1%，湿地面积约91万公顷，在全国排名较前。2021年，江西空气优良天数比例为94.7%，11个设区市中空气质量达到二级标准的有10个，断面水质优良比例为96%，在全国处于领先水平。

除此之外，江西省还着力构建生态屏障一体化。从改善森林质量、绿化土地、修复湿地等方面着手，目前已改造低产低效林1018万亩、造林任务累计完成636万亩，鄱阳湖流域生态建设工作持续推进，对鄱阳湖湿地保护、越冬候鸟保护等工作实行专项行动。开展长江经济带"共抓大保护"行动，始终坚持长江流域生态环境质量首位原则，不断改善长江生态环境质量。2020年，长江江西段所有断面水质均达到Ⅱ类标准，鄱阳湖总磷浓度0.058mg/L，相比去年同期下降15.9%；点位水质优良率41.2%，同比提升35.3%。

江西省宜春市靖安县是国家级生态县、国家重点生态功能区、全国第一批生态文明建设示范县、"绿水青山就是金山银山"的实践创新基地。2015年，靖安率先进行河长制的探索，初步形成了乡镇河湖监管站、村级河长和组级巡查员组成的"一河一策"三级管护网络。河长制实行以后，靖安县内的河流监测断面水质达标率为100%。2017年，靖安又进一步推行河湖管护认领制。除此之外，靖安县率先确立"生态立县"战略、率先对村镇内的污水进行处理、率先出台文件禁止采伐天然阔叶林；主动把木材砍伐量由原来的14万立方米减少到现在的3万立方米以下，自愿关闭木竹加工企业200余家，自愿拒收总投资近百亿元的80余家"两高一低"污染企业入境进园。

当前，靖安生态文明制度体系还处于不断升级之中：将生态文明建设融入县域科学发展考评；积极推进环保负面清单的编制；启动编制自然资源资产负债表，落实领导干部离任审计政策；设立生态法庭、生态检察室和旅游警察大队等生态文明制度体系,为生态文明建设工作提供坚实保障。靖安还采取了立体化、成体系的污染治理办法。围绕“净空、净水、净土”,继续实施大气污染整治、工地扬尘治理、河道采砂治理和土地生态环境整治4项整治行动。靖安城区环境空气质量优良率达85%,居全省前列,PM10、PM2.5浓度均远低于省、市平均水平,景区内空气质量优于国家一级标准。

在此背景下,生态优势已成为靖安县全域旅游发展的一大引擎。统计数据显示,2020年靖安县旅游接待游客1061万人次,实现旅游综合收入61.66亿元,获批为第二批国家全域旅游示范区。此外,靖安将“生态+”理念融入产业发展全过程,依托生态旅游等方式实现乡村振兴,让老百姓切切实实感受到旅游业的发展变化。

4.3.6 显著的品牌影响

江西旅游业发展迅速,取得了众多成果,但与其他旅游发达城市如北京、重庆、上海等地相比还有较大差距。为了提高江西旅游在全国的知名度,在综合江西旅游整体形象的基础上,2011年江西省提出把“江西风景独好”作为旅游品牌,并在中央电视台、江西电视台、人民日报等媒介上进行宣传推广,有力地提升了江西的旅游品牌形象和旅游影响力。

“江西风景独好”出自毛泽东的一句诗:“踏遍青山人未老,风景这边独好。”这首诗是毛主席在赣州市会昌县登山时所作,“独好”可以看出他对当地独一无二景色的赞美和认可。宋代诗人苏轼也曾在《江西》一诗中称赞“江西山水真吾邦,白沙翠竹石底江”,他第一次到江西,就以江西省省名为题作诗,由此可见他对江西风景的高度赞美。江西旅游资源非常丰富,从资源类型来看,有红色资源、绿色资源、古色资源,能够满足不同年龄阶段游客的游览需求。青年游客可以游山玩水,中老年游客可以重温红色古迹,旅游品牌定位的人群非常广,江西独好的风景人人皆可欣赏。

在“江西风景独好”旅游品牌的传播过程中,江西省文化和旅游厅一直坚持在传统媒体进行品牌推广和投放,主要包括中央和地方的纸媒和电视媒体。

中央媒体如中央电视台、中国广播电台、人民日报、中国旅游报等,地方媒体如江西日报、江西电视台等。电视媒体方面,江西省不断优化“江西风景独好”宣传片质量,持续在央视一套、《朝闻天下》等栏目播出“江西风景独好”旅游形象广告片,有效扩大了“江西风景独好”品牌的知名度和影响力,并且推出了由朱虹作词、田信国编曲、宋祖英演唱的同名主题歌《江西风景独好》,在央视播出。在此基础上,央视四套制作、播放了16集介绍江西自然风光、人文风俗的专题片《走遍中国·精彩江西》。除此之外,江西省不断丰富形象展示平台,在北京、上海、西安、杭州等重点城市的公交候车亭、地铁、高铁、机场等处投放线下广告,多角度宣传秀美江西,例如:抓住江西省“南昌—北京”首条高铁线路开通契机,以“江西旅游号”冠名南昌至北京的高铁。

为了宣传“江西风景独好”的旅游品牌,江西主要采取线上和线下两种途径进行推广。线上主要是举办“全国网络媒体江西游”活动,邀请各中央级媒体如人民网、新华网和各商业新闻网站如腾讯、新浪等通过镜头、图片和文字向网友展示风景独好的江西,宣传江西的旅游名片。线下主要是开展旅游推介会和旅游节庆活动,省文旅厅举办了大小旅游推介会50多场,参会的商家、旅游达人、志愿者向各地朋友推介了一批江西本土的美食、美景;省发改委出台相关文件部署品牌提升工作,指导各地开展丰富多彩的旅游节庆及宣传活动,支持完成鄱阳湖国际龙舟大赛、宜春明月山月亮文化节、凤凰沟樱花节、井冈山杜鹃花节等多项旅游节庆活动,对于“江西风景独好”品牌走向千家万户起到了重要作用。

旅游品牌的推广一方面有利于江西旅游知名度的提高,另一方面提升了江西旅游活动的影响力,各地游客能够从更加多元、全面的角度来看待江西的旅游资源,达到了预期的传播效果。各种随处可见的宣传使人们了解到的旅游信息增加,游客最关心的依旧是独特的旅游资源。促使游客产生旅游行为是旅游品牌推广的最终目的,而旅游人数的增加便是产生旅游行为最直接的体现。2019年,江西省入境游客为197.17万人次,国际旅游外汇收入为86537.84万美元;2009 年,江西省入境游客为 96.4299 万人次,国际旅游外汇收入为 28975 万美元。与 2009 年相比,2019 年的入境游客增长了 104.47%,国际旅游外汇收入增长了 198.66%。2020 年,江西全省旅游接待人数达到 5.56 亿人次,旅游总收入达到 5424 亿元,占全省 GDP 的 21%。除此之外,之前江西给游客的刻板印象一直是落后的“革命老区”,现在逐渐出现“依山傍水”“文人辈出”等角度多元的生动评价。2019 年江西省旅游规划研究院发布《江西文化类旅游景区游客满意度报告》,报告显示,江西省文化类旅游景区游客满意度保持高位,文化演艺类旅游景区的游客满意度最高。数据调查结果表明,游客对江西省红色旅游景区的满意度在 70%以上。这些数据极有力地证实了“江西风景独好”旅游品牌的传播效果。

疫情期间,为了更好塑造“江西风景独好”IP,2021 年江西开展“百县百日”文旅消费季活动,通过拉动旅游购物、旅游餐饮等弹性开支的增幅,转变旅游经济增长方式,以旅游消费拉动旅游经济的发展。活动成功入选年度中国文旅消费创新案例。2022 年评选了首批“风景独好名县”,婺源、井冈山、庐山、靖安、于都等五地进一步深化了“江西风景独好”品牌内涵。与此同时,江西的餐饮业、住宿业、购物等相关产业链也在不断发展之中。通过十多年的宣传推广,“江西风景独好”的旅游品牌影响在不断扩大。

4.4 本章小结

本章的主要内容包括江西省全域旅游发展的基础条件分析、区域发展的差异性分析以及全域旅游发展现状 3 个方面,发展现状分别从机制体制、政策保障、公共服务、供给体系、环境质量、品牌影响 6 个角度进行阐述。通过以上分析,可以得出以下几点结论:

1. 在江西省全域旅游发展的基础条件方面

优越的地理位置、明显的区位优势、丰富的地貌和水文类型、多样的旅游资源是江西省全域旅游发展的重要基础条件。通过建立耦合协调模型,选取 20

个反映旅游产业与经济发展水平的指标，对 2020 年江西 11 个设区市旅游产业与区域经济间协调有序发展状况进行定量分析，研究得出：江西有 3 个地市处于旅游产业发展滞后型，8 个地市为经济产业发展滞后型；旅游产业和区域经济发展相协调的地市有 4 个，失调地市有 7 个，整体偏低，缺少优质及良好协调区域。

2. 在江西省旅游业的区域发展差异方面

通过分析江西各地市近 10 年的旅游变差系数、基尼系数、首位度、赫芬达尔系数可以看出各地市旅游业区域发展处于逐步均衡状态；在江西各地旅游业的竞争力排名中，九江旅游业竞争力最强，南昌、赣州、宜春、抚州其次，其他地区为最后梯队；在旅游资源禀赋方面，江西 A 级景区密度排名前三的城市为：抚州、上饶、赣州。旅游资源禀赋度不一、经济发展水平不一致、政策扶持利用度不同、区位状况的差异化是导致江西旅游业出现发展差异的主要原因。

3. 在江西省全域旅游发展现状方面

随着国家对全域旅游的重视程度不断加强，江西省也从多方面着手打造全域旅游示范区。通过近几年的努力，江西省在全域旅游发展方面已经具备较为健全的体制机制、持续的政策制度、基本的公共服务、丰富的供给体系、卓越的环境质量、显著的品牌影响，这些都将推动江西全域旅游迈向更高的台阶。

第5章

江西省全域旅游发展水平评估及影响因素

2020年《中共中央关于制定国民经济和社会发展第十四个五年规划和二〇三五年远景目标的建议》提出，国民经济和社会发展要以推动高质量发展为主题，以深化供给侧结构性改革为主线。在旅游业迈向高质量发展进程中，发展全域旅游是战略选择。

全域旅游为本土化概念，自2009年起，国内学者对全域旅游的研究主要集中在内涵概念、空间特征、影响因素、发展模式、水平评价等方面。原国家旅游局提出：全域旅游是指在一定区域内，以旅游业为优势产业，通过对区域内经济社会资源尤其是旅游资源、相关产业、生态环境、公共服务、体制机制、政策法规、文明素质等进行全方位、系统化的优化提升，实现区域资源有机整合、产业融合发展、社会共建共享，以旅游业带动和促进经济社会协调发展的一种新的区域协调发展理念和模式。赵慧莎等、梁君等、徐珍珍等、鄢慧丽等、张向敏等众多学者运用ArcGIS空间分析技术和数理统计方法，分别从国家、省级与县域层面探究空间分布特征及影响因素。在全域旅游发展水平评价方面，对全域旅游内容理解的不同，其指标体系也会有所差异。目前主要以厉新建提出的"四观八全"及国家文化和旅游部制定的《国家全域旅游示范区验收工作手册》进行研究。林明水等选择了从全时空、全要素、全产业、全支持和全管理等5个方面，对37个全域旅游示范区发展进行评价。丰晓旭等在总结全域旅游相关概念的基础上，从产业域、空间域、管理域等 3 个维度对 31 省（区、市）的全域旅游发展进行了评价。赵传松以全域旅游可持续发展为目标，构建了经济、社会、生态环境 3 个子系统，共 24 个指标的评价体系。任燕等认为全域旅游是具有产业融合、地域拓展和文化体验的有机融合体，其发展水平可以通过城镇化率、人均旅游收入、旅游投入产出比等 18 个指标来评价。综上，有关全域旅游的研究进展迅速，已形成了多指标、多维度的评价体系，并初步探讨了国家全域旅游示范区的发展模式，但有关各区域全域旅游发展的实践，还有待进行系统性的深入研究。

2016 年，原国家旅游局在全国范围内开展了“国家全域旅游示范区”创建工作，江西省共 18 个县（市、区）被列入“国家全域旅游示范区”的创建名单。2019 年，原国家旅游局对首批全域旅游示范区进行验收。截至 2021 年 12 月，江西共有 7 个国家全域旅游示范区和 32 个省级全域旅游示范区。2022 年，《江西省人民政府办公厅关于推进旅游业高质量发展的实施意见》提出，到 2025 年全域旅游示范省建设成效显著。在此背景下，本章以江西省全域旅游示范区为研究对象，分析全域旅游发展中存在的问题，厘清全域旅游的影响因子，归纳与总结各示范区的做法与经验，以期在理论上进一步丰富全域旅游指标体系与形成机理研究，为促进江西旅游业高质量发展提供理论支撑。

5.1　江西省全域旅游发展水平评估

5.1.1　指标体系的构建

结合全域旅游相关理论研究，本章根据《国家全域旅游示范区验收标准（试行）》以及征询专家意见进行相关指标提炼和体系构建。具体来说，从旅游贡献、要素供给、业态融合、管理支持等 4 个维度构建全域旅游发展水平的评价体系，具体指标见表 5-1。

表 5-1 全域旅游发展水平评价体系

一级指标	二级指标	指标单位	指标属性	说明
旅游贡献	旅游增长占本地 GDP 比重	%	正	旅游经济对区域经济的促进作用
	人均旅游收入	元	正	旅游业发展的水平
要素供给	AAA 级以上景区数量	个	正	旅游吸引物的数量和质量水平
	省级以上生态旅游示范区数量	个	正	当地的生态旅游
	省级以上度假区数量	个	正	当地的经济发展情况以及旅游发展质量
	精品民宿数量	个	正	非标准住宿的接待能力
	三星级以上酒店数量	个	正	标准住宿的接待能力
	旅游演艺数量	个	正	旅游资源是否深度开发
业态融合	省级工业旅游示范基地数量	个	正	旅游+工业
	AAAA 级以上乡村旅游点	个	正	旅游+农业
	节庆活动数量	个	正	旅游+文化
	文化街区数量	个	正	旅游+商业
	省级森林康养基地	个	正	旅游+康养
管理支持	智慧旅游系统	个	正	管理水平
	旅游集散中心	个	正	服务水平
	微信公众号	个	正	宣传力度
	空气质量优良天数比例	%	正	适游度
	森林覆盖率	%	正	空气质量
	公路密度	公里/百平方公里	正	交通便捷程度
	城镇化率	%	正	城市化水平

旅游贡献度是全域旅游发展水平的体现。“以旅游业为优势产业”带动和

促进当地经济社会的发展是实施全域旅游战略的目标。为此,选取直接贡献度指标——旅游业增长占 GDP 比重来衡量旅游经济对区域经济的促进作用,选取人均旅游收入指标反映当地旅游业发展水平,并反映多元消费体系建立完善的程度。

产品供给是全域旅游发展的核心要素。作为观光旅游时代的产物,A 级景区能较好反映示范区的资源价值与适游度,而生态旅游示范区则能较好地反映示范区的环境条件、生活舒适度与适居度。随着境外旅游消费的回流,度假区已成为美好生活的体验地,可以用旅游度假区来反映示范区的体验性与消费力。《2021 中国住宿产业发展及消费趋势报告》显示:酒店连锁化率持续提升,“住宿+X”新业态呈现逆势增长。为此,选取三星级以上酒店数量反映住宿基本接待能力,用精品民宿反映供给的独特性和差异性。旅游演艺作为偏娱乐化的文化旅游产品,在旅游者消费比重中逐步提高。因此,选取旅游演艺(实景旅游演艺、主题公园演艺与剧场演艺)的数量来反映当地新型旅游业态。

业态融合是现代旅游发展过程的必然趋势,即融合工业、商业、文化、林业等产业,拓展旅游发展空间,提升旅游的综合带动能力。为此,用工业旅游示范基地数量及级别来反映旅游与工业的融合。乡村旅游是乡村振兴的重要突破口,故用 AAAA 级以上乡村旅游点反映旅游资源要素配置与农业的融合。2018 年以来,文化和旅游的融合政策既给文化“加码”,也给旅游“赋能”。鉴于节庆活动与旅游的天然共生性,因此用节庆活动数量来反映文化和旅游融合发展的“1+1>2”成效。文旅休闲街区作为街区发展的 3.0 版,它的建设一方面增加街区人气,提升街区商业价值,另一方面增加夜间文旅消费,传承和展示地方文化。为此,用文化街区(旅游休闲街区、特色商业街等)的数量来体现“文化+旅游+商业”发展的新模式。后疫情时代,健康意识日益加强,康养旅游顺应了大健康的发展趋势,也成为全域旅游发展的重要类型。江西森林覆盖率位居全国第二位,具备独特的旅游自然条件,因此选取森林康养基地的数量来衡量当地康养旅游发展的状况。

支持体系是全域旅游发展的有效保障。自由行时代，旅游者通过手机搜寻各种旅游信息来安排旅游计划已成为新的决策模式，智慧旅游平台（政府）既能实现与上级主管部门的有效对接，又能为旅游者提升智能化的旅游服务。随着出行方式、支付能力、信息条件、游客性质的不断变化，作为政府建设的重要基础设施，旅游集散中心已逐步发展成为共建共享的休闲综合平台，为提升游客便捷度和舒适度发挥了重要作用。此外，微信是人们最常用的社交APP，其用户存量高达12亿，越来越多的游客从微信公众号上获取所需信息，可用该指标来反映示范区旅游宣传力度。空气质量对游客满意度解释力较大。优质的空气质量已成为核心的吸引力，影响着旅游者对示范区的喜好程度，用优良天数比例反映示范区适游程度，用森林覆盖率反映示范区的空气质量。近十年来，自驾游快速发展，出游占比增长至77.8%，公路交通是影响自驾游的重要因素，两者为正相关关系，因此选取公路密度作为示范区满足旅游交通需求的直观指标。此外，鉴于全域旅游强调旅游在城乡一体、生态宜居等新型城镇化中的带动引领功能，选取城镇化率来反映旅游发展的"多重效益"。

5.1.2 研究区域、数据来源与研究方法

1. 研究区域

江西省是传统农业省份，地处我国东南部，辖11个设区市和100个县级行政区划，是同时毗邻粤港澳大湾区、长三角经济区和海西经济区的省份，也是长江经济带的重要组成部分。江西省文化资源丰富（"杜鹃红""青花蓝""香樟绿""马蹄金"），生态环境一流，主要包括赣南红色旅游区、赣西休闲康养区、赣东北世界遗产区。近年来，江西各地相继进行全域规划布局，成功创建全域旅游示范区39个（截至2021年12月，如图5-1），整体形成红色旅游、乡村旅游、生态旅游、文化旅游、度假旅游等多业态旅游发展的良好局面。

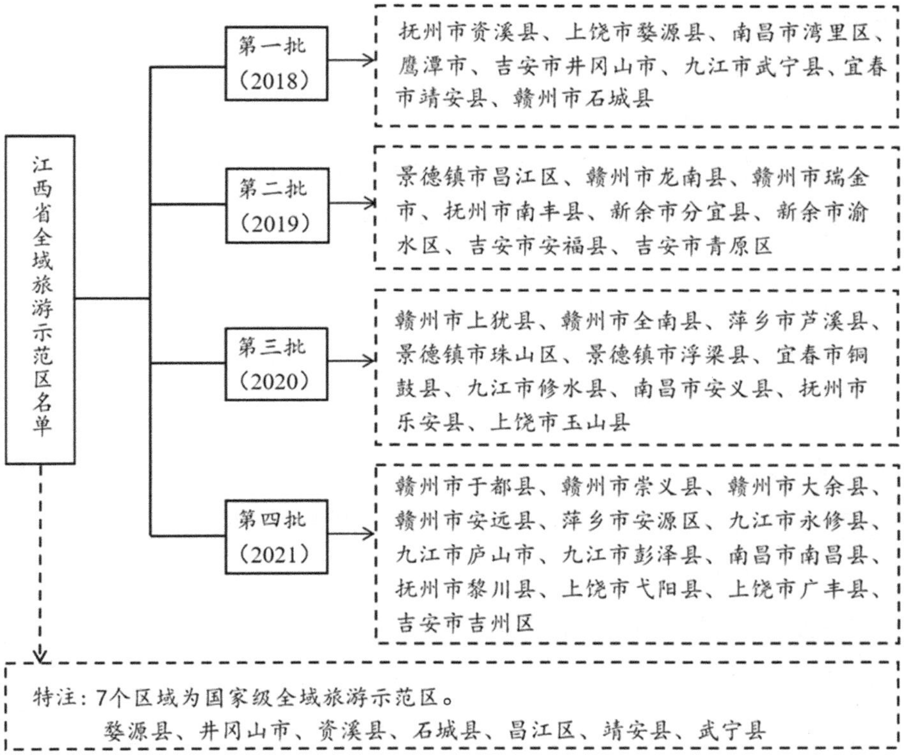

图 5-1　江西省全域旅游示范区名单

2. 数据来源

本研究数据主要来源于以下方面：一是 39 个全域旅游示范区（四批）数据，来源于江西省文化和旅游厅官方网站；二是经济数据、空气质量优良天数比例、森林覆盖率、公路密度、城镇化率，来源于江西省各县（市、区）统计公报和政府工作报告；三是 A 级景区、生态旅游示范区、旅游度假区、工业旅游示范基地、AAAA 级以上乡村旅游点、文化街区数据，来源于江西省各县（市、区）政府官方网站；四是森林康养基地数据，来源于江西省林业局。旅游演艺、节庆活动数据来源于江西省各县（市、区）文广新旅局，精品民宿数据来源于携程网，三星级以上酒店数据来源于中国旅游饭店业协会，微信公众号数据来源于微信以及新榜官网，旅游集散中心、智慧旅游系统数据由调研访谈得出。对于少量缺失数据,由相关数据整理得出。

3. 研究方法

(1)最邻近指数

最邻近指数是表示点状要素在地理空间上相互邻近程度的指标,用于研究示范区空间分布类型(聚集型、均匀型和随机型)。

模型:$R=\frac{\overline{r_1}}{r}$

式中:$\overline{r_1}=\frac{1}{n}\sum_{iel}r_{ij}$ 为实际最邻近距离,$r=\frac{1}{2}\sqrt{\frac{n}{S}}$ 为理论最邻近距离,n 为示范区数量 S 为示范区面积。当 $R>1$ 时,点要素呈均匀分布的特征;当 $R<1$ 时,点要素呈聚集分布的特征;当 $R=1$ 时,点要素呈随机分布的特征。

(2)核密度分析

核密度分析是一种探索性工具,反映区域内点要素的聚集情况,用于研究空间分布密度特征,可视化地展示示范区的核心区域。

模型:$f_h(x)=\frac{1}{nh}\sum_{i=1}^{n}k\left(\frac{x-x_i}{h}\right)$

式中:$f_h(x)$ 为核函数,$h>0$ 为带宽,$(x-x_i)$ 表示估值点 x 到样本 x_i 的距离。$f(x)$ 值越大,说明点分布越密集;$f(x)$ 值越小,说明点分布越分散。

(3)熵权 TOPSIS 法

熵权 TOPSIS 法是一种综合熵值法与 TOPSIS 法的分析方法。熵值法可以减少主观赋值偏差,TOPSIS 法可以进行多对象的评价研究。

其计算步骤如下:

①采用极差法将各个指标的数据标准化处理。

假设给定了 k 个指标 $X_1,X_2,\cdots,X_k$,其中 $X_i=\{x_1,x_2,\cdots,x_n\}$。

假设对各指标数据标准化后的值为 $Y_1,Y_2,\cdots,Y_k$。

本评价指标体系中均为正向指标,那么 $Y_{ij}=\frac{x_{ij}-\min(x_i)}{\max(x_i)-\min(x_i)}$。其中,$i$ 为

江西省全域旅游示范区，j 为示范区发展分指标。

②求各指标的信息熵。

根据信息论中信息熵的定义，一组数据的信息熵 $E_j = -\frac{1}{\ln n}\sum_{i=1}^{n} p_{ij}\ln p_{ij}$。

其中 $p_{ij} = \frac{Y_{ij}}{\sum_{i=1}^{n} Y_{ij}}$，如果 $p_{ij}=0$，则定义 $\lim_{p_{ij}\to 0} p_{ij}\ln p_{ij}=0$。

③计算各指标权重。

根据信息熵的计算公式，计算出各个指标的信息熵为 $E_1, E_2, \cdots, E_k$。

通过信息熵计算各指标的权重：$W_i = \frac{1-E_i}{k-\sum E_i}(i=1,2,\cdots,k)$。

④指标归一化处理把用信息熵法确定的权重（W_i）整合到归一化后的数据矩阵中。

⑤得到最优解 Z^+ 和最劣解 Z^-。

最优方案为：$Z^+ = (Z_1^+, Z_2^+, \cdots, Z_n^+)$

最劣方案为：$Z^- = (Z_1^-, Z_2^-, \cdots, Z_n^-)$

⑥计算各指标与最优解 Z^+ 和最劣解 Z^- 之间的加权欧式距离 D_j^+ 和 D_i^-。

$$D_i^+ = \sqrt{\sum_{j=1}^{n}[w_p(z_{ij}-z_{ij}^+)]^2}$$

$$D_i^- = \sqrt{\sum_{j=1}^{n}[w_p(z_{ij}-z_{ij}^-)]^2}$$

⑦计算评价对象与最优解的相对接近程度 A_i。

$$A_i = \frac{D^-}{D_i^+ + D_i^-}$$

相对接近度 A_i 值越大，表示该评价方案越接近于最优解；反之，则越接近于最劣解。因此，可以根据 A_i 的大小对各评价方案进行综合评价和相对优劣排序研究。A_i 越靠近 1，标识第 i 个评价对象越接近最优水平，说明示范区的全域旅游发展水平越高。以上方法分别借助 Arcgis10.2 和 SPSS23 软件。

5.1.3 江西省全域旅游发展水平测算

1. 江西省全域旅游示范区空间特征分析

(1)空间分布类型

①江西全域旅游示范区空间分布均匀。

从市域空间分布看,西北区域较为集中,东南区域较为稀疏。赣州全域旅游示范区数量最多,位列第一梯队,占全省的23.08%;九江数量次之,位列第二梯队;上饶、抚州、吉安位列第三梯队;萍乡、宜春、新余、景德镇位列第四梯队;鹰潭市是全省唯一个省级全域旅游示范区,所辖县区皆为示范区。

②为了定量分析江西省全域旅游示范区的空间分布类型,利用最邻近点指数,对39个江西省全域旅游示范区求R值,测算得出实际最邻近距离 $\bar{r}\approx 39.087$ 千米,而理论最邻近距离 $r\approx 35.099$ 千米,因此江西省全域旅游示范区的最邻近点指数 $R\approx 1.114>1$,示范区的实际最邻近距离大于理论最邻近距离,表明江西省全域旅游示范区为均匀型空间分布。

(2)空间分布密度特征

为了进一步分析江西省全域旅游示范区的空间分布规律,利用ArcGIS10.2软件对全域旅游示范区的分布点坐标进行核密度估计。江西省全域旅游示范区呈现西北多、东南少的半包圆形分布特征,表现为多核扩散模式,形成了以南昌、九江、宜春为中心的一级密度圈,以景德镇、上饶为中心的二级密度圈,以新余、吉安、萍乡、赣州为中心的三级密度圈,由中心向外密度值梯度递减。东南地区核密度数值较小,为低值核密度圈。

一级核密度圈层主要集中在南昌、九江、宜春3个市周边,示范区数量最多。该区域经济发展程度较高,旅游设施较为完善,高等级资源较多,集名山、大江、名城、大湖于一身,如庐山、庐山西海以及鄱阳湖等。二级核密度圈层主要以景德镇、上饶为中心。该区域作为江西旅游发展高地,是“景德镇—婺源—三清山”精品线路所在地。三级核密度圈分布于赣州、新余、吉安与萍乡周边。赣州作为拥有示范区最多的地市,瑞金、于都的红色文化,上犹、大余的生态文化，龙南、全南的客家文化在国内享有美誉。

2. 江西省全域旅游示范区发展水平分析

按照研究方法中步骤①至③计算江西省 39 个全域旅游示范区的 20 个指标权重（表 5-2）。如表所示，各指标权重之间存在一定差距。其中，省级以上旅游度假区数量（8.49%）、省级以上生态旅游示范区数量（9.69%）、精品民宿数量（9.60%）以及省级工业旅游示范基地数量（8.99%）是示范区发展水平评估相对重要的指标。

表 5-2　指标体系权重结果表

一级指标	二级指标	信息熵值 E	权重系数 W
旅游贡献	旅游业增长占本地 GDP 的比重	0.9169	3.80%
	人均旅游收入	0.9658	1.56%
要素供给	AAA 级以上景区数量	0.9205	3.63%
	省级以上旅游度假区数量	0.8142	8.49%
	省级以上生态旅游示范区数量	0.7881	9.69%
	精品民宿数量	0.7900	9.60%
	三星级以上酒店数量	0.8770	5.63%
	旅游演艺数量	0.8381	7.40%
业态融合	省级工业旅游示范基地数量	0.8033	8.99%
	AAAA 级以上乡村旅游点	0.9111	4.07%
	节庆活动数量	0.9501	2.28%
	特色街区数量	0.8626	6.28%
	省级森林康养基地数量	0.8400	7.32%

续表

一级指标	二级指标	信息熵值 E	权重系数 W
管理支持	智慧旅游系统数量	0.9025	4.46%
	旅游集散中心数量	0.9188	3.71%
	微信公众号数量	0.9421	2.65%
	空气质量优良天数比例	0.9803	0.90%
	森林覆盖率	0.9747	1.15%
	公路密度	0.8955	4.78%
	城镇化率	0.9214	3.59%

(1)江西省全域旅游发展水平的综合分析

代入研究方法中步骤④至⑦,从 4 个维度、20 项指标计算江西省 39 个示范区相对接近度以及综合排序(见表 5-3),均值排在前十位的分别是婺源县、鹰潭市、井冈山市、武宁县、靖安县、龙南市、湾里管理局、资溪县、庐山市、乐安县。

表 5-3 全域旅游发展水平总排名

城市	相对接近度 A	排序结果	城市	相对接近度 A	排序结果	城市	相对接近度 A	排序结果
婺源县	0.691	1	浮梁县	0.322	14	安义县	0.239	27
鹰潭市	0.476	2	大余县	0.309	15	安福县	0.230	28
井冈山市	0.406	3	瑞金市	0.303	16	黎川县	0.223	29
武宁县	0.392	4	渝水区	0.302	17	全南县	0.220	30
靖安县	0.368	5	芦溪县	0.294	18	广丰区	0.219	31
龙南市	0.367	6	铜鼓县	0.288	19	吉州区	0.212	32
湾里管理局	0.356	7	珠山区	0.288	20	崇义县	0.205	33

续表

城市	相对接近度 A	排序结果	城市	相对接近度 A	排序结果	城市	相对接近度 A	排序结果
资溪县	0. 352	8	修水县	0. 280	21	南昌县	0. 169	34
庐山市	0. 345	9	玉山县	0. 271	22	南丰县	0. 161	35
乐安县	0. 339	10	安源区	0. 260	23	弋阳县	0. 149	36
石城县	0. 337	11	安远县	0. 255	24	于都县	0. 116	37
上犹县	0. 330	12	青原区	0. 253	25	分宜县	0. 113	38
昌江区	0. 325	13	永修县	0. 247	26	彭泽县	0. 099	39

江西省全域旅游示范区发展整体上呈现北高南低的空间格局。江西全域旅游发展水平最高的是婺源县(0. 691),它是全国唯一全域作为整体被评为国家 AAA 级旅游景区的县域,在全国率先建立"1+3+N"的旅游综合执法模式,首创旅游诚信退赔中心,拥有国内首个"人脸识别进景区"系统,先后获得首批中国旅游强县、全国旅游标准化示范县、国家生态旅游示范区等 30 余张国家级旅游名片。中部区域的井冈山市(0. 406),则通过发展全域旅游,催生旅游新业态,创新红色旅游产品,打造民宿集群,助力乡村振兴,全力推动井冈山旅游业高质量发展,成为首批国家全域旅游示范区。

在省级示范区里,龙南市(0. 367)、湾里管理局(0. 356)、庐山市(0. 345)、乐安县(0. 339)全域旅游发展态势良好。湾里管理局积极探索"民宿+乡村"发展模式,不断推出太平心街、磨盘山森林公园、时光亲子乐园等文旅新业态,新增索道建设,串起山下、山上、山中,已初步形成"景城一体、山城融合"的全域旅游新格局。庐山市深化管理体制改革,坚持以"山上做明珠,山下串珍珠"的发展思路,推进传统景区转型升级,探索形成文旅融合的庐山模式。"中国天然氧吧"乐安县旅游资源丰富,旅游景点众多,依托"千年第一古村"流坑古村、大华山蝶栖谷、金竹飞瀑等景区,古色、绿色和红色旅游资源交相辉映,构建全域旅游发展格局。

石城县(0.337)、昌江区(0.325),作为国家级全域旅游示范区排名却未进入前十,说明在所选指标体系中这两地没有明显的优势。石城县依托温泉资源,坚持“温泉+”发展思路,以客家文化为引领,促进文旅融合发展;昌江区区位优势明显,依托景德镇陶瓷文化实施“旅游+”战略,聚力产业融合。全域旅游时代为旅游产业深度发展创造了良好契机,各个地区要抓住自身优势、紧跟时代,才能更好地发展地方旅游。

(2)各维度比较分析

①旅游贡献比较分析。

从权重上看,相对重要的是旅游增长占本地 GDP 的比重,这反映旅游经济的高质量发展对本地 GDP 的促进作用。各示范区整合区域内相关资源,强化与相关产业深度融合发展,初步达到了通过全域旅游促进经济社会协调发展的目标。从表 5-4 可知,2021 年旅游贡献排名最前位的是婺源县(0.848),最后位是靖安县(0.078),庐山市、大余县、井冈山市、湾里管理局、乐安县位列前五。

婺源县(0.848)全域旅游发展对区域经济的贡献最为显著。旅游产业是婺源县的“第一产业”。在常态化疫情防控条件下,2021 年婺源县 1—10 月游客人次基本恢复至 2019 年同期水平,全年旅游总收入达到 194 亿元,同比增长 49.1%。庐山市(0.616)以“庐山天下悠”品牌为主线,采取山城湖联动方式发展旅游,仅 2021 年国庆期间,庐山景区接待游客 76 万人次,旅游总收入达 5.4 亿元,连续三年被评为中国县域旅游综合竞争力百强县。值得注意的是,资溪县(0.124)和湾里管理局(0.255)全域旅游发展态势良好,旅游发展综合排名均进入前十,旅游增长占 GDP 的比重与人均旅游收入却相对较低。湾里管理局、资溪县可进一步发挥休闲农业、森林生态、教育研学等优势,鼓励扶持发展度假养生项目,打造休闲度假旅游目的地。

表 5-4　各维度发展水平排名

城市	旅游贡献排名	要素供给排名	业态融合排名	管理支持排名	城市	旅游贡献排名	要素供给排名	业态融合排名	管理支持排名
婺源县	1	1	2	1	分宜县	19	39	31	36
井冈山市	4	3	16	6	渝水区	23	19	6	22
资溪县	38	14	4	8	鹰潭市	6	15	1	4
武宁县	22	2	28	11	安福县	32	24	32	35
靖安县	39	5	12	10	青原区	7	26	23	9
石城县	9	12	29	7	芦溪县	28	22	9	14
昌江区	13	23	7	3	于都县	34	34	38	26
上犹县	14	9	8	30	崇义县	8	28	36	29
全南县	36	30	21	12	大余县	3	10	33	18
龙南市	29	4	18	24	安远县	31	20	34	28
瑞金市	16	11	30	19	安源区	17	37	5	2
珠山区	20	17	25	16	永修县	12	21	29	38
浮梁县	18	29	3	15	庐山市	2	6	27	21
铜鼓县	10	18	13	23	彭泽县	37	38	35	34
修水县	35	16	15	31	南昌县	26	36	19	17
安义县	30	25	14	20	黎川县	11	31	10	25
湾里	21	7	22	5	弋阳县	25	33	39	39
乐安县	5	8	11	27	广丰区	24	27	24	32
南丰县	15	35	17	33	吉州区	33	32	26	13
玉山县	27	13	37	37					

②要素供给比较分析。

要素供给能反映出县(市、区)的旅游产品数量与质量。目前,各示范区要素中高端供给不足,且呈现出不均衡分布。全域旅游不仅关注狭义的旅游六要素,更强调发展要素的多元审视。在要素供给指标中,除度假区、生态旅游示范区,精品民宿、旅游演艺等要素所占比重较大。室外实景、室内剧场既是夜间的重要消费方式,也是最有吸引力的夜间文化场景。精品民宿则作为非标准住宿的代表,是游客体验当地文化的重要载体。从表 5-4 可知,要素供给排名最前位的是婺源县(0.797),最后位的是分宜县(0.018),武宁县、井冈山市、龙南市、靖安县等示范区要素供给发展水平也较高。

武宁县(0.484)创新产品供给,深化"六条风景线"建设,构建星级饭店、连锁酒店、房车营地、精品民宿、沙滩帐篷等多元化住宿体系,开发"武宁有礼"系列旅游商品,打造大型实景水秀《遇见武宁》夜游产品,旅游要素不断完善。龙南市(0.433)是"世界围屋之都",全市拥有 376 座客家围屋,其中关西围入选中国世界文化遗产预备名单,虔心小镇则是集客家民俗、生态山水、温泉养生、休闲度假、虔茶文化于一体的度假体验地,辐射吸引粤港澳大湾区的游客。靖安县(0.411)现有 1 个"旅游+科技"项目、2 个工业旅游示范点、2 个温泉酒店、3 个特色小镇、4 个品牌赛事、4 个主题酒店、6 个人文类景区、8 个山岳峡谷型景区、13 个省级乡村旅游示范点、20 多个户外娱乐项目、148 家休闲农业园、685 家山庄民宿农家乐、21000 多个床位,已形成业态丰富的旅游产品供给体系。

③业态融合比较分析。

全域旅游的核心就是要改变单一的旅游形态,构建以旅游为平台的复合产业,推动旅游产业的转型升级。业态融合的 5 个指标中,工业旅游示范基地、森林康养基地指标比重较大。从表 5-4 可知,业态融合排名最前位的是鹰潭市(0.760),最后位的是弋阳县(0.026),排名较前的还有婺源县、浮梁县、资溪县、安源区。

鹰潭市(0.760)作为示范区唯一的设区市,它以国际眼镜城为核心区域,相继打造主题公园、雕塑公园、眼镜制造体验等项目,是国内唯一个以眼镜产业为核心产品的高等级景区,成为工业与旅游融合的标杆。有着"中国最美乡村”美誉的婺源县(0.615),凭借着篁岭景区的“农耕”与“晒秋”,不断探索和深化“旅游+农业”的发展路径,带动乡村旅游发展,成为乡村振兴的典范。安源区(0.325)为展现城市历史记忆,耗资22.5亿元对现存最古老的街区(南正街)进行改造,以体现萍乡历史故事情节为特色,已成为萍乡的城市名片。此外,芦溪县(0.272)综合排名第18,业态融合却排名第9。在产业融合方面,芦溪县构建“旅游+农业”、体育、康养产业“1+2+2”的绿色产业体系,打造了独具特色的紫溪田园综合体、仙凤三宝园等“旅游+农业”业态。

④管理支持比较分析。

全域旅游高质量发展需要全区域统筹和各要素支持。在管理支持的7个指标中,排名前三的分别是智慧旅游系统、公路密度、旅游集散中心。大数据中心与多功能旅游集中心的建立,可进一步提升旅游管理服务水平。旅游公路环线是实现区内区外互动串联、构建“快进慢游”交通网络格局的基础。在表5-4中,管理支持排名最前位的是婺源县(0.546),最后位的是弋阳县(0.179),排名第二至五位的依次为安源区、昌江区、鹰潭市、湾里管理局。

鹰潭市(0.471)为全省智慧旅游的先行者,率先建设并运营文旅大数据平台,实施“一部手机游鹰潭”提升计划,以“旅游+科技+文化”为核心,打造推出“5G+智慧竹筏”、NB-IOT智慧停车场、北斗+智能指挥调度等创新项目,成为智慧旅游新爆点。安源区(0.513)地处中心城区,路网密度达376.39公里/百平方公里,全区以“一环三纵四横”为网络体系,着力打造以安源路矿旅游景区、红领巾纪念馆为中心的红色旅游和以海绵小镇、安源古镇为中心的观光旅游等精品旅游路线。湾里管理局(0.466)在原有区位优势基础上,科学规划交通布局,倾力打造全省首条智慧旅游示范公路及附属景观廊道,成为区域发展的新亮点。资溪县(0.405)利用“纯净资溪”微信公众号和“资溪文旅局”抖音号,以县文广新旅工作为主要内容,坚持内容原创、每周不断更新,及时发布最新的旅游动态。同时,利用抚州市新媒体矩阵平台资源,采取活动直播等方式,不断增强全国网民的认知度,全面提升资溪旅游形象。

5.2 全域旅游发展水平影响因素分析

全域旅游发展水平不仅包含旅游方面，还包含与区域内其他产业的融合，范围是比较广的。从旅游本身出发，以各产业为基础对其进行综合评价，对江西省全域旅游示范区进行分类，可以更加清晰地看出各个城市的优势与不足。从旅游贡献出发，通过旅游业增长占本地 GDP 比重反映旅游经济对区域经济的促进作用，用人均旅游收入反映地方游客的人均消费水平，此项在整个评价体系中所占比重较小，利用旅游收入占本地 GDP 的比重、人均旅游收入指标，说明经济为旅游发展提供保障，但是本地政府不加大旅游的经济投入，旅游对本地的 GDP 贡献率也不大。本地经济与旅游发展息息相关，所以在全域旅游发展水平评价时，不可只取其一。

旅游要素供给在评价体系中所占比重最大，其次是旅游业态融合，说明在全域旅游发展水平中旅游供给产品与旅游业态融合是很重要的，没有旅游产品无法吸引游客前来，没有相应的接待服务设施也无法满足游客的需要，一般来说旅游供给产品越多，越能对游客有吸引力，要不断对旅游产品更新换代，提升旅游产品质量，不可追捧“网红产品”，要对旅游产品注入内涵，这个内涵要与本地文化相一致，这样才能使旅游产品有厚度。

管理支持在全域旅游发展水平中也是不可忽视的一环，通过智慧旅游系统、空气质量优良天数比例、旅游集散中心、微信公众号、森林覆盖率、公路密度、城镇化率指标对其全域旅游发展水平进行评价分析，在旅游管理中不仅仅需要政策的支持，还需要政府联动各个部门，从而形成统一领导、运行通畅、上下联动的制度保障，切实将各类资源和政策充分落实到全域旅游发展项目上来，杜绝各自为阵、互相阻碍的不利局面。

5.2.1 全域旅游发展水平评估演化的内在机理

旅游业是一个综合性产业，全域旅游发展水平评价是一个复杂的体系，因此厘清全域旅游发展水平评价体系中 4 个维度的逻辑关系，对于全面识别影响全域旅游发展水平的关键因素有着非常重要的意义。就 4 个维度而言，旅游贡献在全域旅游发展水平中处在根本地位，没有旅游经济的发展就谈不上全域旅游的发展水平的高低；旅游要素供给是全域旅游发展的基础，没有旅游资源不会吸引游客的到来，而良好的旅游接待能力是把游客留下来的关键，同样旅游业的发展也会倒逼旅游目的地加强当地旅游基础设施的建设；旅游业态融合促进全域旅游提质升级，全域旅游依托资源禀赋，通过发挥强大的“旅游+”多业态发展和产业融合发展功能，构建旅游与文化、商业、工业等紧密融合的全域旅游发展新格局，不断拓宽新的旅游市场空间，绘就全域旅游新蓝图，推动区域旅游经济的总体快速发展；旅游管理支持是全域旅游发展的保障，只有政府发挥带领作用、高位规划，推出实际帮扶政策，创造良好发展环境，才能形成建设旅游强省的强大合力。

结合对江西省 39 个全域旅游示范区的 20 个指标进行实证分析可以看出，不同区域之间发展水平不尽相同，在全域旅游发展水平评价中旅游贡献、旅游要素供给、旅游业态融合和旅游管理支持之间呈现出不同的相互作用程度和协同发展状态，进而形成了各个城市之间全域旅游发展水平的高低。

5.2.2　研究方法

为了量化分析江西省全域旅游发展水平各影响因素的重要程度，通过构建灰色关联度模型判断各影响因素对江西省全域旅游发展水平指数的贡献程度。

1. 灰色关联度模型

灰色关联度是因素分析方法，它对系统的因素之间发展趋势进行具体的描述、预测、决策和控制。旅游业与其他产业相比产业界限不明显，具有不完全信息的模糊属性。

2. 灰色关联度结果分析

为进一步研究 20 个变量与全域旅游发展水平之间的数量关系，本章采用灰色系统理论对其进行关联分析，将旅游贡献中人均旅游消费设为比较序列（Y），旅游业增长占本地 GDP 的比重、AAA 级以上景区数量、旅游集散中心、微信公众号设为参考序列(Xi)。通过构建灰色关联度矩阵分析19个变量与全域旅游贡献人均旅游消费的关系。根据灰色关联度数学模型及相关数据,计算得出结果,如表5-5所示。

表5-5 旅游贡献旅游人均消费和各影响因素的灰色关联度值

指标	旅游业增长占本地GDP的比重(亿元)	AAA级以上景区数量	AAAA级以上乡村旅游点	省级以上旅游度假区数量	旅游演艺数量	省级以上生态旅游数量	精品民宿数量	三星级以上酒店数量	节庆活动数量	省级森林康养基地数量
Y	0.759	0.682	0.690	0.653	0.673	0.657	0.73	0.699	0.706	0.698

续表

指标	省级工业旅游示范基地数量	特色街区数量	公路密度	空气质量优良天数比率	旅游集散中心数量	微信公众号	城镇化率	智慧旅游系统数量	森林覆盖率
Y	0.738	0.702	0.700	0.684	0.673	0.690	0.672	0.700	0.686

根据灰色关联分析基本原理,当灰色关联度值≤0.35时,说明关联程度较低,Xi对Y的影响较小;当0.35<灰色关联度值≤0.65时,说明关联程度中等,Xi对Y的影响中等;当0.65<灰色关联度值≤0.85时,说明关联程度较高,Xi对Y的影响较强;当0.85<灰色关联度值<1时,说明关联度极强,Xi对Y的影响极强。从表中可看出关联度最强的是旅游业增长占本地GDP的比重指标,旅游贡献与全域旅游发展水平密切相关,其次是省级工业旅游示范基地指标、精品民宿指标对全域旅游发展影响较强,可以从表格中看出各个影响因素都是处于0.65至0.85之间,说明旅游贡献、要素供给、业态融合、管理支持对全域旅游发展水平的影响都是较强的。

(1)旅游贡献

旅游贡献代表了一个地区旅游经济发展规模、旅游发展速度和旅游所达到的水平。地区经济发展水平是影响地区旅游业发展的关键因素，地区经济增长是旅游业发展的根本动力，良好的经济发展水平能够为旅游目的地建设提供充足的财政支持，有助于当地基础设施的完善、旅游景区的开发，而且旅游属于选择性消费，旅游需求在马斯洛需求层次理论中属于较高层次的需求，经济发展水平和居民收入呈正相关关系，随着经济增长，居民可支配收入提高，从而促进了居民消费结构升级、旅游消费需求产生，全面提高旅游业的综合经济效益，进一步推动旅游贡献方面的发展。

2021 年，江西省地区 GDP 同比增长 8.8%，为 29619.7 亿元，各地 GDP 见表 5-6，从 GDP 排名来看，前 10 位为南昌县、鹰潭市、渝水区、广丰区、于都县、修水县、永修县、吉州区、昌江区和玉山县，为各地市全域旅游发展提供了较好的经济发展环境。

表 5-6　江西省 2021 年各地 GDP 总量

城市	GDP(亿元)	城市	GDP(亿元)	城市	GDP(亿元)
婺源县	154.81	铜鼓县	64.51	于都县	318.06
井冈山市	88.46	修水县	293.56	崇义县	101.80
资溪县	51.87	安义县	123.71	大余县	126.33
武宁县	201.88	湾里	75.20	安远县	102.14
靖安县	76.80	乐安县	86.31	安源区	260.90
石城县	94.78	南丰县	161.99	永修县	291.18
昌江区	275.50	玉山县	265.55	庐山市	166.21
上犹县	104.79	分宜县	215.93	彭泽县	200.62
全南县	97.53	渝水区	938.70	南昌县	1195.57
龙南市	200.12	鹰潭市	1143.92	黎川县	97.39
瑞金市	195.23	安福县	192.31	弋阳县	141.48
珠山区	256.30	青原区	147.72	广丰区	551.74
浮梁县	164.17	芦溪县	132.20	吉州区	278.76

(2)旅游要素供给

旅游资源禀赋、旅游目的地的接待能力是地区发展旅游业的基础,旅游资源是旅游业赖以生存和发展的前提条件,是现代旅游活动的客体,旅游资源的数量、丰度、分布和地域组合直接影响旅游业发展的规模,旅游景区是旅游资源的载体,景区数量与质量是旅游资源禀赋的最好体现;目的地接待能力的好坏大大影响旅游者的旅游天数。越是拥有丰富而高质量旅游资源、拥有多样化接待设施的地区,旅游者更关注、投资者也更青睐,无疑有助于该类地区建设高品质旅游目的地、打造地方特色旅游精品、形成高知名度的区域标志性旅游产品,不断提升区域旅游品质和竞争力,助力全域旅游发展。

江西省旅游资源种类多、特点突出、潜力大,红色旅游资源、绿色山水资源、古色历史文化资源交相辉映。芦溪县旅游供给体系不断丰富,建设了凤栖小镇、熙谷小镇等一批特色小镇;推进了江山御景酒店、武功山航空飞行营地等20多个旅游项目建设;实行景区、城区、乡村全面发展,形成了“户外运动、山水风光、红色文化、乡村休闲”四大板块旅游产品。婺源全域旅游要素供给体系齐全,实现了旺季有序、季季有人,四季活动均衡覆盖。旅游住宿配套充足,民宿特色明显,100余家精品民宿、500多家大众民宿补齐婺源淡季旅游短板,形成高、中、低端民宿协调发展的格局,打响“婺源民宿”品牌。

(3)旅游业态融合

旅游者不再满足于传统的旅游产品,更加热衷于追求新的旅游产品;游客旅游空间开始由景区走向社区,由景区扩展到目的地所有空间,不再是局限于单纯的旅游资源方面,而是扩展到方方面面;旅游过程中的任何一个环节都有可能产生新的需求,旅游产业需要与其他产业有机结合、融合发展,使其他产品融入旅游产业链,为旅游业发展注入新的活力。在“旅游+文化”方面,江西的文化旅游资源类型丰富,内涵深厚,涉及红色文化、陶瓷文化、宗教文化、民居文化、客家文化、民俗文化等;大型实景演出有《井冈山》《遇见武宁》《天下三清》《寻梦龙虎山》《滕王宴乐》《梦里老家》《寻梦牡丹亭》等;江西省文化和旅游厅

2019 年 12 月 30 日发布的《江西省文化和旅游产业融合发展示范区(点)创建办法(试行)》,使得江西省旅游产业融合有了政策保障。

武宁县坚持“旅游+”和“+旅游”,加大旅游供给侧结构性改革,率先推进“景城一体化”发展,建设“中国最美小城”。坚持“产业围绕旅游转、功能围绕旅游配、形象围绕旅游塑”,把城区当景区建,把项目当景点建,高标准建成武宁之窗、江南山水窟、鳌鱼文创园、西海楼、文化广场等一大批亮点工程,实现了“一座城市一个 AAAA 级景区”,市民和游客均能享受优质旅游供给;率先打造“湖泊、山岳、航空”立体式旅游产品,形成强有力的竞争力;常态化运营大型实景水秀《遇见武宁》,创新打造夜秀产品“桥中桥”,开通画舫夜游西海湾项目,形成“昼+夜”全天时旅游产品,使得夜经济得以快速发展;率先开发“行”资源,建设旅游风景廊道。成功打造多条景观廊道,串联整合分散型、点状型旅游资源,形成多条精品旅游线路,构建以中心城区为核心的全域旅游格局。井冈山发展全域旅游,创新了红培产品,以红色为引领,形成红色培训“井冈模式”,领跑全国,游客接待量连续五年年均增长 40%以上。井冈山遵循“红色发展,旅游引领”理念,已成为中国红色旅游独具特色的产业发展的标杆。

(4)旅游管理支持

地区全域旅游发展程度取决于政府的支持程度。江西省现有的 39 个全域旅游示范区旅游管理水平参差不齐,这也直接导致了各区域全域旅游的政策支持力度大不相同,且差距逐渐拉大。为了使这种局面改变,各地必须要重视体制机制的更新,成立党政统筹的全域旅游领导小组,积极探索建立适合全域旅游发展的旅游管理机构,创新旅游扶持政策,加大财政支持力度,为整个区域旅游业的发展提供足够的财政保障。地方政府之间也应加强区域旅游交流合作,为江西省区域旅游良好发展营造良好氛围。

江西省委、省政府高度重视并推动旅游业的发展。旅游产业发展大会提出为建设旅游强省按下加速键,同时要加快巩固旅游业发展的基础。进一步加大旅游业态创新力度,夜经济等方面成为旅游经济增长的关键,延长旅游产品链,推动旅游业态发展与游客需求相对应；进一步创新旅游营销方式，使各地市旅游品牌和“风景独好”品牌由省内走向全国；旅游技术不断创新，运用信息技术等手段，激发云旅游、宅经济等新业态潜力。2019 年，江西省人民政府办公厅印发《关于印发江西省旅游业高质量发展三年行动计划（2019—2021 年）》的通知，使江西省旅游业高质量发展有了统一的标准。省委、省政府领导高度重视江西旅游强省建设，指出旅游产业是服务行业的龙头产业，让旅游成为江西的最靓名片，打造成绿色崛起、红色引领的第一窗口，大力提升江西旅游品牌竞争力；强调要把旅游业发展放在更加重要的位置，高度重视旅游业的发展，在投入方面向旅游倾斜，相关配套政策得以落实，积极打造最优旅游业发展环境，全力推进旅游产业实现高质量发展。市、县领导积极深入一线指挥，上饶市提出要把旅游业当作第一位的产业来抓，将旅游工作按第一做，做成第一；万广明在南昌全市旅游产业发展大会上提出要以强大的工作合力助推“旅游强市”建设，强化组织领导、队伍建设、工作督导，打造享誉国内外的旅游目的地；赣州坚持“政府引导、市场运作、社会参与”的发展机制，推动旅游业可持续发展；宜春坚持把旅游业作为战略性支柱产业来抓，立足全域旅游发展，提出了多项旅游创意并实施到位；还有一些县深入落实“旅游立县”战略，2022 年江西省旅游产业发展大会发布 5 个江西“风景独好”旅游名县，充分调动全民发展旅游的积极性、创造性，推进旅游全域发展。

5.3 结论与建议

1. 树立“+旅游”融合发展思路，延伸全域旅游产业链条

融合发展是全域旅游发展的重要突破口，多类型的“+旅游”方式更能适应疫情时代的变化。各示范区应依托区域优势产业资源，在工旅融合、农旅融合、红旅融合、商旅融合、康旅融合等方面积极尝试探索创新，构建有深度和广度的大旅游发展体系。推动“工业+旅游”，促进各类工业积极融入旅游元素，打造特色工业旅游体验点；推动“红色+旅游”，注重挖掘于都、安源、弋阳红色资源，

深化红色旅游的文化内涵，积极引领红色旅游创新发展；推动“农业+旅游”，大力发展农业产业化，打造一批集观光、科普、娱乐、会议于一体的田园综合体、乡村旅游度假区，助力乡村振兴；推动“商业+旅游”，迎合国内旅游休闲消费升级的浪潮，培育区域文旅街区、商业综合体、主题演艺等，丰富夜间经济形态；推动“康养+旅游”，以贯彻落实《江西省人民政府办公厅关于推进康养旅游发展的意见》为契机，依托空气、温泉、森林、中医药等优势资源，全力发展康养旅游。同时，深挖地域特色，培育发展研学旅游、体育旅游、低空旅游等新业态。

2. 活化区域历史文化资源，培育“风景独好”文旅消费新业态

突出地方文化特色是提升示范区吸引力的重要途径。各示范区需要结合当地历史文化资源，如陶瓷文化、书院文化、商帮文化、戏曲文化、中医药文化等，大力培育相关的文博艺术、民宿集群、文娱潮玩、旅游演艺、舌尖美食等新业态，高质量打造彰显“风景独好”品牌的体验式产品、场景、业态，更好满足游客的多元化需求。随着Z世代消费主体的崛起，文博艺术正以全新的方式在旅游行业掀起热潮。江西是优秀传统文化的集合地，各示范区应充分运用影视、戏剧、文创、游戏、音乐等手段，推动文博艺术的发展，形成地方文化IP。此外，住宿不仅是设施，更是深层次体验区域文化的核心产品。目前，各示范区还存在星级酒店不足、非标住宿缺乏等问题，作为传统农业省份，发展民宿可以有效破解住宿业在区域发展不均衡矛盾，各示范区应依托景区、小镇、乡村等资源加快精品民宿集群建设，打造一批个性化、品质化、多样化的民宿体验地，更好满足游客对美好生活的需求。

3. 完善区域旅游配套设施，提升智能化、个性化服务水平

全域旅游强调为外来游客及本地居民提供出游前、出游中、出游后的全方位一站式旅居生活服务。从39个案例发展情况来看，各示范区仍存在配套设施不完善、服务水平较落后等问题。在旅游交通方面，安福县、修水县、资溪县等示范区加快建立“快进”的全域旅游交通网络，安义县、全南县、南丰县等示范区则应完善通景公路建设，丰富自行车租赁、旅游专线公交、汽车租赁等交通

方式，打通旅游交通的“最后一公里”。完善线下咨询服务体系，形成“城市休闲综合平台+重点景区游客中心”的集散网络系统，有效提供景区、交通、线路、购物、住宿等信息和服务。以数字赋能全域旅游高质量发展是时代发展趋势，各示范区应重点构建以游客为中心智慧旅游服务体系，尤其是强化官网、公众号、APP、小程序等媒介的设计与开发，积极推动5G、AI、VR等新技术应用，以便向潜在游客提供个性化、智能化服务。

4. 注重体制机制，加强政策保障

全域旅游与传统旅游不同的是市场竞争的盲目性。政府从高点出发、宏观调控、高标准设计、提高资源整合有效性。推动全域旅游业由“党政统筹”逐渐取代“部门推动”。各地区、各部门、各要素协同努力，协调全域产业、规划、市场等多方面融合以及旅游者、居民、企业等多主体参与，使得覆盖范围不断扩大，引导落实优惠激励政策。在众多县市中多存在旅游经济对当地经济贡献率高，但是城镇化率不高，旅游人均收入不高的问题，这就是因为没有整合好资源，旅游收入增加靠的是旅游人数的增加，并不是游客花销的增加。在交通方面，政府牵头，交通局实施，完善通景公路建设，以及交通方式的多样化，包括自行车租赁、旅游专线公交、汽车租赁等，方便游客的出行。推进全域旅游发展，寻求创新突破必须在产业引导和行业监管两个方面发力，一是消除体制障碍和管理瓶颈，改善工业发展环境方面形成协同效应，沟通协调成本降低，使旅游市场迸发活力；二是加快创新旅游市场综合监管体系，避免形成多头管理局面。

5. 打造特色品牌，彰显文化内涵

商品或服务所形成的符号是品牌，包含着商品或者服务的特色、市场定位、适用人群等。旅游产品的品牌除了有上述功能外，还能成为一个地区的地标点，从而达到因为一个景区熟知一座城的效果。首先，要着重打造品牌的市场活力，深度挖掘本地的文化内涵，红色旅游资源和其他历史资源一样，有着不可复制的优越性，可以从文化入手，多建造一些主题酒店、主题餐厅、主题驿站，提升景区外的文化氛围。全开发本地文化，需要把握品牌的文化底蕴，充分挖掘旅游资源,打造独特的旅游核心吸引力,在游客逗留时间与消费结构上做足文章,使得旅游经济收入多样化。如“千古情”系列、“印象系列”、“梦回系列”,这些不仅仅是旅游产品的升级,更是旅游文化资源的开发。其次,要注重产品品牌的经营,鼓励创新品牌,对品牌进行整合改造,着重打造有影响力的品牌,这需要动用全区之力,品牌不能仅体现在旅游产品上,而是要包含整个旅游供给产品。

5.4　本章小结

本章主要以江西省39个全域旅游示范区为研究对象,通过最邻近指数、核密度分析等方法,对示范区空间分布类型、聚集特征进行分析;构建江西省全域旅游发展水平指标体系,并运用熵权法、TOPSIS综合评价法、灰色关联度分析法等研究方法对江西省全域旅游发展水平进行评估及影响因素分析。

首先,鉴于示范区最邻近点指数,江西全域旅游示范区为均匀型空间分布。通过核密度分析,示范区呈现“西北多,东南少”的半包圆形分布特征,形成以南昌、九江、宜春为中心的一级密度圈,以景德镇、上饶为中心的二级密度圈,以新余、吉安、萍乡、赣州为中心的三级密度圈。

其次,从旅游贡献、要素供给、业态融合、管理支持等4个维度构建全域旅游发展水平的评价体系,通过熵权TOPSIS综合评价法可知,各示范区发展差异性较显著,整体上呈现“北高南低”的空间格局。39个城市的全域旅游发展水平排名为婺源县、鹰潭市、井冈山市、武宁县、靖安县、龙南市、湾里区、资溪县、庐山市、乐安县、石城县、上犹县、昌江区、浮梁县、大余县、瑞金市、渝水区、芦溪县、铜鼓县、珠山区、修水县、玉山县、安源区、安远县、青原区、永修县、安义县、安福县、黎川县、全南县、广丰区、吉州区、崇义县、南昌县、南丰县、弋阳县、于都县、分宜县、彭泽县。其中,婺源县在旅游贡献、要素供给、管理支持方面均处于示范区首位,鹰潭市在业态融合方面处于示范区首位。

最后,通过灰色关联度分析可以得出关联度最强的是旅游收入占本地生产总值的比重指标，旅游经济的发展与全域旅游发展水平密切相关。其次是省级工业旅游示范基地指标、精品民宿指标，且各个影响因素都是处于 0. 65<灰色关联度值≤0. 85，说明旅游贡献、要素供给、业态融合、管理支持对全域旅游发展水平的影响都是较强的。

第 6 章

国内外全域旅游发展的典型案例

6.1 国外全域旅游发展的典型案例

国外并未明确提出全域旅游的具体定义，但全域旅游发展的典型案例却数不胜数，其旅游业发展早就具有全域旅游的发展特色，如“花园城市”新加坡、“世界花园”瑞士、“浪漫之国”法国、“旅游王国”西班牙、“旅游之国”意大利等。

6.1.1 瑞士

瑞士是世界上最早发展旅游业的国家之一，也是世界上著名的旅游发达国家之一，境内旅游资源丰富。因其地处欧洲中部，地形以山地为主，境内阿尔卑斯山山脉由东向西延伸，素有“欧洲屋脊”之美称。瑞士全域到处都是风景，处处都是产品，整个国家形成了一套成熟完整的旅游产业链。魏小安认为，瑞士不知什么是全域旅游，却成为“全域旅游”典范。

1. 瑞士全域旅游的特点

拥有“世界花园”“欧洲乐园”和“旅游业摇篮”等美称的瑞士是世界旅游业发展最早、最发达的国家之一，可以说是全球发展旅游行业的代表。作为瑞士三大支柱产业之一的旅游业，其发展一直长盛不衰，把可持续性作为旅游业发展的重要目标，这离不开其独到的旅游发展模式——旅游驱动的多元产业联动模式。瑞士的国土面积仅有4.13万平方公里，全境以高原和山地为主，其内有阿尔卑斯山巍峨壮美、终年积雪，日内瓦湖、苏黎世湖等1400多个天然湖泊星罗棋布、碧绿清澈，爱蒙塔尔大草原绿草如茵、鲜花点缀，还有琉森狂欢节、苏黎世送冬节、伯尔尼洋葱节等异彩纷呈的文化民俗、异域风情。自然风光与人文底蕴结合，使整个国家变成一个大景区，旅游发展与环境保护相得益彰。瑞士全域旅游的发展路径主要包括以下方面。

（1）全域化旅游交通

瑞士公共交通系统具有多层次、一体化的特点，被誉为当今世界的奇迹之一，其安全便利又舒适、经济节能又准时，是瑞士旅游业发展的命脉，对瑞士全域旅游的发展起到了支撑和引领作用。瑞士的公共交通系统以火车为干线、以公交为支线，还有邮政巴士和缆车等，几乎覆盖了瑞士的所有城市、村庄和旅游景点，换乘便利，实现交通方式在时间和地点上的有效连接。除了公共交通，还有通往郊区和村庄的自行车道和步行道。在欧洲，瑞士是唯一拥有一票畅游全国各地公共交通通行证的国家，游客可以凭借一张旅行证在瑞士自由旅行，深入体验瑞士的城市和乡村美景。

（2）全域化旅游服务

以人为本、以客为尊的发展理念是瑞士旅游业稳定发展的重要基石。在瑞士，不论是酒店、民宿、旅行社、旅游景区、火车站、汽车站、机场等收费的具有商业性质的服务，还是旅游服务区、旅游信息咨询中心等免费的公共服务，都会表现出对游客的热烈欢迎，都体现着无处不在的高质量人性化服务。瑞士火车站作为瑞士全域服务的心脏，始终发挥着瑞士旅游综合服务中心的重要作用，向来自全世界各地的游客提供全方位的旅游服务。费用不同，服务等级不同，游客在瑞士蒙特勒旅游，既可以在“世界医疗养生胜地”感受康养胜地的高端度假氛围，体验与医疗康养旅行相配套的完善的旅游休闲度假设施与服务，如超奢华五星级康养度假酒店入住、定制化的温泉疗养体验、干细胞注射的高级医疗养生服务、科学搭配的营养餐饮、全球认可的健康医生护理服务以及私家医生陪同服务；也可以打卡钟表艺术和花圃之美完美结合的花钟、欣赏莱芒湖畔迷人的景色、游览瑞士中世纪历史建筑西庸城堡，前者可能花费几十万瑞士法郎，而后者可能仅仅花费十几瑞士法郎。瑞士公共交通系统的旅行通票可以在全国各地使用，实现一张通票游瑞士，并为游客制定了各类优惠折扣政策：旅行通票的持有者可以免费参观绝大多数城堡，免费乘坐九十多座城镇的交通工具，甚至可以在瑞士百分之九十的五百多家博物馆里免费打卡；持有的部分铁路车票在酒店住宿和景区观光游览时，可以在价格上享受一定的优惠。

(3)全域化旅游标识

瑞士的旅游标识导向系统既完善详细又清晰直观，引导世界各地慕名而来的旅游者们在瑞士各地自由参观，也成为瑞士全域旅游的突出亮点。瑞士旅游路线的难度不同，当局根据不同的颜色区分不同的难度等级，徒步者根据各自不同的体质、偏好选择不同难度的旅游路线，从而确保了徒步旅途安全。黄色标识牌在瑞士全国通用，难度等级最低，说明线路轻松简单，是所有的旅行者都可以选择的旅行路线；红白色代表山区路径，对于有经验的旅行者可以说是不错的选择；蓝白色代表的是阿尔卑斯山麓徒步线路，难度等级、要求较高；冬季徒步线路则用粉红色来表示。

(4)全域化旅游产品

瑞士的旅游产品全域覆盖，医药业、金融业、高端制造业等相关行业的快速发展为瑞士全域旅游的发展提供了保障。瑞士尽管缺乏海洋旅游资源，但却凭借以达沃斯为典型代表的会展旅游和以羊胎素为典型代表的医疗旅游等亮眼名片成功吸引了来自国内外的游客。

一方面，瑞士将旅游和会展结合起来，每年举办上百场区域性、国际性会议和展览，吸引众多高端游客，如山区小镇达沃斯、日内瓦国际会展中心、巴塞尔会展中心、苏黎世展览中心以及伯尔尼会展中心等地举办的世界经济论坛、日内瓦车展、巴塞尔钟表珠宝展和国际假日旅游博览会等国际知名会展；另一方面，瑞士形成了医疗康养和旅游度假相结合的旅游新业态，为游客提供高质量的医疗水平、多层次的医疗服务和一流的医疗环境，每年有成千上万的人因健康问题来访瑞士，游客在温泉养生度假旅游的同时可以随时做个医疗检查，或是在享受美丽的景致、呼吸洁净空气的同时做个小手术，这样的治疗方式与享受度假生活无异。

(5)生态旅游全域持续

严格的生态保护政策和极高的环保意识是瑞士环境始终居于世界一流的重要原因，也是瑞士全域旅游可持续发展的关键所在。所有到访瑞士的旅游者，无不对瑞士境内的生态环境之美发出赞叹，日内瓦湖、纳沙泰尔湖、卢塞恩湖、苏黎世湖等湖水干净清澈，百分之七十的湖泊的水可以直接饮用。瑞士作为“没有垃圾污染的国家”，详细制定了垃圾分类处理、回收利用等一系列法律法规：无论是城市还是乡村，全部生活废弃物都必须实现严格的分类处理，绝大部分的易拉罐、塑料瓶、纸等生活废弃物必须进行回收处置，提高垃圾的循环利用能力。此外，瑞士的支柱性产业如医药业、金融业、旅游业等几乎都是无环境污染或低环境污染的产业，可以说，瑞士是经济发展和环境保护有机结合的成功案例。

(6)政府支持全域发展

瑞士政府高度重视旅游产业的发展，对旅游基础设施的建设、公共服务体系的完善、旅游资源的开发与保护和旅游产品的高效营销策略不断地给予政策与资金支持；为旅游业制定了可持续发展战略，为瑞士全域旅游的发展提供了重要保障；同时坚持对外开放政策，为瑞士旅游业发展不断注入新的活力。

2. 瑞士全域旅游的典型地区

瑞士是闻名世界的旅游目的地国家，旅游城市众多：有国际会议之都(和平之都)日内瓦、首都伯尔尼、最具瑞士风情的旅游中心城市卢塞恩(琉森)、奥林匹克之都(美食之都)洛桑、莱茵河畔的文化之都巴塞尔、因“购物天堂”享誉世界的时尚之都苏黎世、艺术之城温特图尔等。

(1)日内瓦

日内瓦地处日内瓦湖和罗纳河的交界处,因秉承博爱主义传统被世人誉为“和平之都”,同时也是瑞士境内拥有国际化视野的城市。日内瓦之所以在瑞士国际化水平最高,主要是因为日内瓦国际组织众多,包括世界卫生组织、联合国欧洲总部等大大小小两百多个国际组织,每年很多重大的展览和会议都在此处举办。

日内瓦是瑞士知名的旅游目的地,名胜古迹众多——烟波浩渺的日内瓦湖畔及坐落于湖中的大喷泉、与阿尔卑斯山遥遥相望的万国宫、融汇钟表和花园两大元素的日内瓦花钟、老城的标志性建筑圣彼得大教堂、“制表艺术圣殿”百达翡丽博物馆等。

日内瓦城市即景,风景历历在目,文化也历历在目。

(2)采尔马特小镇

采尔马特位于马特洪峰脚下,藏于阿尔卑斯山脉的群峰之中,远离城市喧嚣,生活气息浓厚,素有“冰川之城”美誉,既是世界滑雪者天堂,又是登山与徒步旅行胜地,也是世界著名的无汽车污染之城。采尔马特小镇上的马特洪峰是瑞士最美山峰、最“奢华”的滑雪胜地,也是瑞士阿尔卑斯山的灵魂,在欧洲被称为“群山之王”。

采尔马特是一个不老的传说,采尔马特小镇是一个童话小镇。上穷雪山,下绝冰川,这是游客在山间旅游胜地采尔马特独特的感受。采尔马特小镇环境幽雅,空气纤尘不染,是游客向往的度假天堂,最好地诠释了瑞士全域旅游的发展。

6.1.2　法国

“现代旅游业发端于欧美国家,其旅游发展很早就具有全域特点。”法国,无论都市还是乡村,都已形成比较完善的全域旅游模式。与瑞士一样,法国也是世界最早发展旅游业的国家之一,其旅游业的发展已有上百年的历史,且多年以来,凭借位于欧洲心脏的得天独厚的地理条件,以“薰衣草之国”普罗旺斯、滑雪胜地阿尔卑斯山、法国蔚蓝海岸、法国母亲河塞纳河、圣米歇尔山为代表的秀丽迷人的自然景观和以“人类文明发展的总索引”卢浮宫、欧洲王室宫邸的第一典范凡尔赛宫、“法国文化的中心点”天主教堂巴黎圣母院、世界最大圆拱门凯旋门、埃菲尔铁塔为代表的底蕴深厚的人文景观等旅游资源实现旅游业的可持续发展。法国依托资源优势，促进旅游业态创新，推动旅游产业融合发展，丰富游客旅游体验，同时还注意在资金、政策等方面扶持旅游业的发展，探索出一条适合本国特色的全域旅游发展模式——“都市—乡村”旅游一体化发展模式。

1. 法国全域旅游的特点

(1)乡村旅游成为法国全域旅游的重要部分

20世纪70年代中期，乡村旅游在法国盛行，可以说法国是乡村旅游的发源地。法国周末休假的休假制度、宁静自然的乡村环境、富有当地特色的农产品、浓浓的乡土人情与民俗文化等都是吸引游客前来旅游的重要原因，法国乡村一度成为家庭度假和进行观光、休闲活动的主要旅游目的地。在法国，农民不仅仅只有一个身份，他们还可化身成为导游，为游客提供食宿。这种乡村旅游模式，一方面提高了法国当地人们的收入，另一方面让游客能够感受到法国当地的风俗民情。当地农民、居民是法国乡村旅游经营的主体，当地的农民不仅可以通过农事劳作维持生计，还可以通过接待外来游客来获得报酬，有力促进了法国乡村旅游的可持续发展。

(2)基础设施建设全域覆盖

旅游基础设施完善是全域旅游发展的基础，满足与游客吃住行游购娱相关的基础设施方面的基本需求是法国旅游业可持续发展的重要原因之一。法国的旅游接待设施完备，主题酒店、特色民宿、城堡等住宿设施可满足游客多样化、个性化的住宿需求；旅游标识系统完善，在景区内外和重要交通节点等地设置交通指引标识；停车场按照规范化、特色化要求建设，设施完备。

（3）旅游产品的原真性、本土性与独特性

法国乡村旅游是法国第二大旅游产品体系，凭借旅游产品的原真性、本土性和独特性吸引了来自全世界各地的游客。良好的生态环境是乡村旅游可持续发展的前提条件，也是游客体验乡村旅游产品原真性的重要基础；不同的乡村乡土特色、民俗风情不同，建筑特色、饮食习惯等也不尽相同，法国通过充分挖掘本土特色，打造独特的旅游产品，给游客带来不同的旅游体验。

（4）政府扶持和财政投入

健全的政府政策和资金支持体系是法国旅游行业蓬勃发展的重要保障。比如在乡村旅游方面，推出以政府为主导的乡村旅游模式，制定乡村旅游发展的一系列规范和要求，成立多家乡村旅游行业协会及其他民间组织，乡村旅游的经营与管理体系也在不断进行完善。法国政府为乡村旅游的经营者制定了相关的税收优惠政策和财政补贴政策，为符合标准的家庭旅馆提供修缮维护经费补助。法国政府还成立了乡村旅游常设会议机构来促进乡村旅游的发展，2003年成立部际小组，在全国规划自行车道和绿色道路。

2. 法国全域旅游典型地区

（1）法国巴黎——重视活动体验、旅游主题化、旅游服务可持续化的都市旅游发展模式

巴黎是浪漫时尚之都，处处皆风景，人人皆风景，空气中都流动着魅力。巴黎的全域旅游主要体现在沉浸式的旅游体验、多样化的主题旅游线路以及可持续化的旅游服务三方面。

沉浸式的旅游体验。在巴黎游玩，除了传统的景点观光之外，还可以参加当地的各类活动，融入当地人的日常生活，在活动中体会法国特有的风情。有资料显示，巴黎2016年全年组织的活动平均每天高达300场：在美食领域，有食感节、杂食节、巴黎味道活动；在体育领域，有法国巴黎马拉松赛等；在设计领域，有家饰博览会、设计跳蚤市场等。

多样化的主题旅游线路。巴黎著名的旅游景点有巴黎天主教堂巴黎圣母

院、世界三大博物馆之一的卢浮宫、世界上第四个迪士尼乐园巴黎迪士尼乐园、巴黎城市地标之一的埃菲尔铁塔、世界五大宫殿之一的凡尔赛宫、“世界上最著名的歌剧院”巴黎歌剧院、巴黎三大艺术宝库之一的奥赛博物馆、法国著名的现代和当代博物馆蓬皮杜艺术文化中心、巴黎标志性建筑之一的凯旋门、追溯法国军事历史的巴黎军事博物馆、法国第二大河塞纳河……由此可见,在巴黎旅游中,艺术馆、博物馆等主题旅游尤为热门。在巴黎,旅行者可以选择不同的主题旅游路线。比如以蓬皮杜国家艺术和文化中心、卢浮宫等艺术馆、博物馆为主题的漫步之旅;以法国鹅肝佐鱼子酱、法式松露野菌汤、蟹肉沙拉等为主题的巴黎浪漫美食之旅;以重温法兰西辉煌过去为重点的回溯历史之旅以及在塞纳河上品鉴沿途美景的游船之旅……

可持续化的旅游服务。巴黎推出了可持续化的旅游体验:修建双向骑行道路、建设自行车停车站、发展骑行道路网络,完善电动汽车租借系统、推出电动汽车共享服务,开通多条有轨电车线路、缓解交通压力等。此外巴黎还流行起“生态豪华酒店”,有许多践行环保理念的特色酒店,这些酒店很多都已获得“绿色钥匙”“环保标志”“绿色地球”标志,如最佳西方丽园大酒店是巴黎第一家获得欧洲环保标志的酒店;巴黎文华东方酒店致力于“为未来可持续做更多”的环保使命,是法国第一家获得高品质环保认证(HQE)的酒店;青年·都市迷你连锁酒店践行环保低碳文化……可持续化的旅游服务不仅节能环保,还因其独特的魅力深受游客喜爱。

(2)法国南部地区——“都市—乡村”旅游一体化发展模式

法国南部大致包括法国普罗旺斯—阿尔卑斯山—蔚蓝海岸大区的阿维尼翁、马赛、尼斯、戛纳、摩纳哥、尼姆等城市,沿海岸线总长约为300千米。法国南部地区留有大量的古罗马时代建筑群落,依托蔚蓝海岸顶级自然资源,绝佳的地形、纬度等条件令该地区的海水、沙滩和气候条件均十分适合海滨度假活动。传统产业自觉传承地域特色,历经古罗马帝国、法兰克民族、撒克逊民族、法兰西帝国等时代,民俗风情多元丰富且独具韵味,发展全域旅游的条件得天独厚。法国南部地区的全域旅游主要体现在具有地域特色的农林牧渔业、分工明确的城市功能、特色名片的打造以及节事活动的多样。

地域产业特色鲜明。法国南部地区内各城镇产业丰富：花卉业方面，普罗旺斯作为法国南部的永恒之美，花卉业发展久负盛名，薰衣草花海一望无际，紫色的浪漫让人流连忘返；葡萄酒业方面，普罗旺斯产区是法国最古老的葡萄酒产区，葡萄品种繁多，其中桃红葡萄酒成为普罗旺斯文化符号的重要组成部分；渔业方面，马赛是法国最大海港，海产丰富，马赛老港鱼市历史悠久，马赛鱼汤闻名天下，是世界三大鱼汤之一；香水产业方面，香水小镇格拉斯鲜花弥漫，是法国香水发源地，也是香水厂原料供应地……

城市功能分工明确。马赛是法国历史和艺术的中心，是法国重要的贸易中心，也是地中海最大的商业港口；尼斯作为仅次于巴黎的法国第二大旅游城市，拥有全世界最蔚蓝的海岸，其蔚蓝海岸机场是法国第二大航空门户；戛纳作为法国南部魅力小城、全球顶级度假小城，因戛纳国际电影节闻名于世；“教皇之城”阿维尼翁的城堡、教堂等上百处中世纪的历史建筑群，凸显了历史赋予它的神圣古典的韵味……

打造特色品牌。普罗旺斯地区已经发展为以薰衣草为代表，多种产业链集合，经营方式多样的旅游度假胜地。普罗旺斯最有名的称号，莫过于“薰衣草的故乡”，薰衣草花海赋予了普罗旺斯浪漫的色彩，使其成为世界上最令人向往的度假地之一。普罗旺斯旅游发展成功的一个重要点，在于抓住了薰衣草的特色名片。一方面，政府大力鼓励发展薰衣草基地，出台了与薰衣草有关的补贴优惠政策，除了在野外有大片大片的薰衣草之外，农户在家中也养成了用薰衣草制作各种工艺品的习惯，在当地更是形成了与薰衣草相关的各种产业，主要有加工制作精油、高级香水和浪漫的蜡烛等，使人们一提起薰衣草就联想到普罗旺斯，一提到普罗旺斯就联想到薰衣草。另一方面，当地政府关注挖掘传承薰衣草的各种传说故事，比较注重对传统文化的传承和弘扬，在宣传推介和开发旅游产品时，充分结合薰衣草的传说故事，促进了文化传承，成功打造了乡村旅游的特色名片。

依托节事塑造形象。法国南部地区依托高端旅游形象,集中发展艺术主题节事活动,有效强化地域艺术形象,并提供经年不绝的营销热点。戛纳电影节是当今世界最具影响力的国际电影节之一,最具文艺气息、最偏爱小制作艺术,成为一年一度的全球影坛盛事;世界三大狂欢节之一的尼斯狂欢节最大的差异卖点在于拥有特别的艺术味道,毕加索等大艺术家都曾定居尼斯来追求创作灵感;阿维尼翁艺术节是法国最大的艺术节,也是全世界最重要的艺术节之一,其创办于二战后,旨在重振法国乃至欧洲的艺术工作,现已成为法国现当代艺术最为重要的年度展示平台……

法国一直践行着"处处皆风景,人人皆风景"的全域旅游理念,通过繁荣的旅游业带动相关产业的联动发展,连续多年被评为全球最适合居住的国家之一。

6.2 国内全域旅游发展的先进案例

6.2.1 贵州花溪——全域联动共建"全域花溪"

花溪区被誉为"高原明珠",是贵州省旅游的重要代表地区。花溪全域旅游发展是在贵州省践行生态文明,推动绿色发展和实施"大扶贫、大数据、大生态"三大战略的背景下提出的。2014 年贵州省委、省政府明确提出花溪区以"大花园、大溪流"为主题特色,坚持科学绿色发展战略,把花溪区建设成为旅游业不断发展的新花溪;2016 年 2 月,花溪区成功入选国家首批全域旅游示范区创建单位,全面推进全域旅游体系构建,全面推动花溪旅游转型升级;2019 年 9 月 4 日,花溪区成功入选首批国家全域旅游示范区,高质量打造花溪旅游加强版。

1. 花溪全域旅游发展的基础支撑

(1)区位条件

作为贵阳市的辖区,花溪区地处贵阳市南部,位于黔中腹地,区位条件优越，交通网络发达，构建了“八纵六横两环”的综合交通网络，是花溪全域旅游发展快旅慢游的重要基础。全区地貌形态多样，主要以山地和丘陵为主，为典型的喀斯特地貌。

（2）旅游资源

花溪区旅游资源丰富，是贵阳市旅游资源的聚集地，是贵阳的生态区、旅游区，有贵阳“大花园”和“会客厅”之美誉。花溪区景观类型多种多样，内有中国历史文化名镇青岩古镇保留明清古建筑，为“贵州四大古镇之一”，也被誉为“中国诗词之乡”；“黔中一绝”天河潭景区汇聚溶洞和瀑布景观，有“贵州山水浓缩盆景”的美称；花溪国家城市湿地公园以喀斯特地貌为特征，园内“中国第一爱河”花溪河“花香满溢泗水流”；孔学堂汉唐风格恢宏大气，汇聚海内外儒学名家；“高原明珠”花溪公园融山水田园和民俗风情于一体，四季皆景；还有青岩镇龙井村和镇山村——布依民族风情游、云顶草原民族风情园——高坡民族风情游等，自然生态与人文景观兼具，发展全域旅游的条件得天独厚。

花溪区人文古迹众多，民族特色突出，区内有38个民族。赵以炯、周钟瑄、周渔璜、刘清、吴中蕃等人是花溪区历史文化名人的代表；青岩古镇等历史文化遗产所保留的民居建筑文化、宗教文化、军事文化、红色文化和儒家文化是花溪区历史文化的延续；孔学堂集旅游、祭祀、诵读等活动为一体，是花溪区弘扬中国传统文化的圣殿；38个民族的融合杂居以及苗族“四月八”、布依族“六月六”等节日庆典更是花溪区民族民俗文化的集中呈现。

（3）生态环境

花溪区拥有温暖宜人的气候，冬季没有严寒冷气，夏季没有高温酷暑，大部分地区全年的平均气温都在15℃左右，夏季最炎热的月份平均温度只在23℃左右，历来享有避暑胜地的美誉。花溪区作为贵阳的“大花园、大溪流”，山清水秀，森林覆盖率高，生态环境优良，是一个天然的大氧吧。

2. 花溪全域旅游发展的核心思路

花溪区全域旅游发展模式，就是把花溪整个区域当作一个大景区，坚持

“绿水青山就是金山银山”的理念,全域联动共建“全域花溪”,按照“全景式打造、全产业发展、全社会参与、全方位服务、全区域管理”的发展思路,把花溪打造成为“景城一体、产城互动、文旅融合、休闲度假”的国家全域旅游示范区,努力实现由景点旅游向全域旅游的大跨越,开启花溪全域旅游新篇章。

(1)全景式打造

自创建国家全域旅游示范区以来,花溪区注重全景区建设,按照全景花溪的理念,组织编制全域旅游相关规划和方案,对旅游资源进行全方位挖掘和全景式谋划,着力构建花溪全域旅游大格局,实现处处皆景,随处可游。按照“一核四带六线”的全域旅游整体布局,将花溪主城区作为全域旅游发展的核心景区,并将全区所有景区串点成线、连线成片,以天河潭、十里河滩湿地公园、孔学堂、青岩古镇、花溪大学城、花溪公园及周边民族村寨为重点,致力从“景点游”迈向“全域游”,构建起一幅处处皆景的全域旅游新画卷。

(2)全产业发展

全域旅游的花溪实践,构建全产业融合的大旅游格局。花溪区聚焦全域旅游发展大局,着力推进理念融合,从思想深处打牢旅游和各产业融合发展的基础,探索“旅游+”产业深度融合发展新模式,推动旅游和农业、文化、交通、体育等多产业的全方位、多层次地融合发展。

“旅游+文化”深度融合,依托区内丰富的儒家文化、民族文化、创意文化等文化资源,打造文化旅游景区,形成了以孔学堂、青岩古镇、花溪苗绣、花溪大学城为代表的传统文化旅游、民族文化旅游、研学旅行等新业态,构建国内文化领域内的响亮品牌;“旅游+农业、林业”深度融合,重点打造“溪南十锦”乡村旅游示范带,形成了久安古茶园、青岩农夫果园等休闲农业种植基地、精品水果采摘园等新业态,带动乡村旅游快速发展;“旅游+运动”深度融合,依托峡谷瀑布、山地景观等资源,形成了体育赛事、户外拓展等新业态,推动形成文、体、旅综合目的地。

(3)全社会参与

坚持全民共建共享,强化政府主导,培育市场主体,鼓励全民参与。政府在资金和政策上对花溪区全域旅游发展各项工作给予支持和倾斜,积极引导社会资本融入旅游业发展,参与旅游服务,提供旅游产品。全域旅游发展兼顾本地居民和外来游客的需求,在基础设施、公共服务等方面"主客共享",不仅提高游客的满意度,而且注重社区居民的参与度,营造全社会共商共建共治共享的良好氛围。

(4)全方位服务

花溪区围绕食、住、行、游、购、娱等六大要素,加速推进旅游基础设施和公共服务体系的建设。完善综合交通体系,构建"快进""慢游"的综合旅游交通网络,在重要交通节点设置规范、标准的交通指引标识,完善旅游交通标识系统;建立旅游集散中心,为游客提供旅游咨询、旅游购物、旅游集散换乘、景区门票预订、酒店和民宿预订等服务,提升旅游综合服务水平,提高游客满意度;完善旅游接待体系,高标准、高质量构建标准住宿和非标准住宿体系,满足游客多样化的住宿需求;大力推进旅游数据中心建设,建成花溪旅游运行监管和应急平台,为花溪全域旅游智慧化发展提供了良好条件。

(5)全区域管理

健全全域旅游体制机制,开展全域旅游新的治理模式。花溪区推动旅游发展由"部门推动"向"党政统筹"转变,建立党政统筹的全域旅游组织领导机制;完善全域旅游发展考核评价机制,把旅游工作作为政府年度考核重要指标,建立联席会议机制,形成工作合力;强化全域旅游综合执法管理,积极构建"1+5+N"综合执法机制,成立综合执法指挥调度中心,与旅游法庭、旅游警察、旅游市场监管分局多部门联动,加强对花溪区旅游市场的综合治理。

3. 花溪全域旅游发展的创新亮点

(1)"花溪模式"之景城一体创新

花溪致力从"景点游"迈向"全域游",立足资源禀赋,将全域旅游与小城镇建设融合发展,探索了“旅游+特色小城镇”的改革创新模式。通过对重点景区的保护与开发并重,以旅游化的发展方式,促进景城融合,推动全域旅游化发展。花溪区通过在城市内部增加旅游产品和服务的供给,完善城市全域旅游水平:围绕花溪国家城市湿地公园建设游客共享的休闲空间;构建城市公共绿地系统,打造名副其实的公园城市;提升基本公共设施和公共服务,提升城市生活和旅游品质。花溪区坚持“绿水青山就是金山银山”的理念,将生态优势转化为发展优势,打造全域生态的景区景点,建设高坡山地旅游大本营、半坡精灵乐园等景区景点和主题功能区项目,完善乡村旅游配套设施。

(2)“花溪模式”之生态依托创新

绿水青山就是金山银山。绿水青山正是花溪区的独特优势所在。2015 年至今,花溪区森林覆盖率实现逐年增长,花溪“大花园”的特色得到充分凸显。花溪区提出的“大花园、大溪流”生态发展格局,通过一系列生态修复、生态保护、美化绿化的做法,推动绿色发展,优化花溪区生态环境,变生态优势为经济优势,带动全域旅游的发展,形成了齐抓共管的大环保格局,在保护城市湿地、呵护花溪河水源、实施百山治理等方面多有亮点。

特别是以花溪公园—十里河滩为核心,花溪区通过公园建设,建成生态优良、环境优美、人与自然和谐的全国生态文明示范城市,形成了花溪“五位一体”的公园体系。不仅奠定了花溪区生态休闲城市的格局,也成为花溪区主客共享的重要公共休闲空间,把生态休闲同水源保护有机结合起来,凸显了花溪区有花有溪,浪漫宁静的独特风情。

(3)“花溪模式”之品牌营销创新

花溪区,山水秀美,历史人文厚重,其全域旅游的品牌形象概括起来就是“浪漫花溪”四个字。近年来,花溪区围绕“浪漫花溪”的全域旅游品牌,重点突出了花溪区“大花园、大溪流”的生态特色,突出强调了花溪区“浪漫”“生态”“舒适”的度假体验。为打造全域旅游品牌形象,花溪区在品牌推广、营销宣传方面进行了创新并取得了显著进展,全方位宣传花溪全域旅游的形象。创新营销机制，以政府支持、行业协同、企业联手、媒体跟进、公众参与的多级联动营销体系开创了全域旅游营销新格局；创新营销策略，制定了《花溪全域旅游媒体联盟章程》，形成了全域旅游传播体系；创新营销内容，设计全域旅游品牌形象LOGO，开展丰富的文体旅活动，策划精品路线，推广宣传资料，多样化宣传花溪全域旅游品牌；创新营销方式，依托电视节目如《花影溪田贵山南》加大品牌营销力度，依托全域旅游宣传平面广告提升品牌形象，依托节事活动如苗族“四月八”、布依族“六月六”丰富花溪文化旅游产品。

立足于中心城市郊区，花溪区利用自身优越的区位条件、厚重的历史人文、独特的民族和民俗文化、原生态的自然环境资源等优势，按照“景城一体、产城联动、文旅融合、休闲度假”的发展思路，通过推动景城融合、山水融城，深入整合全域旅游要素，全面实施“旅游+”发展模式，为全国中心城市旅游休闲功能区建设和创建国家全域旅游示范区贡献了“花溪样本”。

6.2.2 山东青州——文旅融合打造全域旅游“青州样板”

青州是华夏古“九州”之一，历史悠久、文化灿烂，享有“面山负海古诸侯，信美东方第一州”之美誉。青州自创建国家全域旅游示范区以来，紧抓旅游业大发展机遇，坚持积极探索，统筹全域规划与资源布局，以打造独特的旅游品牌为主线，促进旅游业全域发展，全面叫响“千年古城，信美青州”金字招牌，全力打造文旅融合带动全域旅游发展的青州模式。

1. 青州全域旅游发展的基础支撑

(1)区位条件

青州位于山东济南—青岛市发展主轴线的中心，东邻青岛，西靠淄博，南接临沂，北与东营接壤，是连接北部和南部以及连接海岸和内部的重要节点区域；地处东海和泰山之间，交通优势明显，境内高铁、高速公路、国省道纵横交错，素有“海岱明珠、两京通衢”之谓。

(2)旅游资源

青州名胜古迹众多，自然与人文景观相得益彰，以融山、水、城于一体的明清古城——国家AAAAA级旅游景区青州古城最为著名,100多条保存完整的明清古街道、70余项非物质文化遗产都是青州古城7000多年历史的见证。国家AAAA级旅游景区青州云门山自古为鲁中名山,有"中华之最"之称的巨型摩崖石刻"寿"字;国家AAAA级旅游景区仰天山生态环境优美,森林覆盖率达到97%以上,被誉为"天然森林公园";国家AAAA级旅游景区泰和山风景区峰峦叠嶂,山水相依,以山、湖、泉、林、瀑、溪、花、栈、岩为特色,被誉为"天下第一幽谷";此外还有"天然氧吧"九龙峪景区、仁河水库水利风景区、国家级湿地公园弥河文化旅游度假区、青州市母亲河南阳河景区、保留明代建筑风貌的井塘古村建筑群、"北方九寨沟"黄花溪景区等,都是值得一去的旅游胜地。

青州历史悠久,人文荟萃,2300多年的建城史,孕育了青州浓厚的历史风韵。青州多元文化并存,不仅是东夷文化的发祥地,还拥有以青州佛造像、天主教堂为代表的宗教文化,以青州民居、真教寺为代表的建筑文化,以青州花毽、挫琴、刺绣为代表的非遗文化,以偶园(冯家花园)为代表的园林文化,此外还有花卉文化、书画文化、长寿文化等。作为古"九州"之一、国家历史文化名城、中国民间文化艺术之乡,青州钟灵毓秀、风雅云集,不仅吸引北宋"三贤"范仲淹、欧阳修、富弼和李清照、郦道元等历史名人,还有瑰丽的历史古迹和文物遗存。明清古街道、老字号店铺延续海岱都会的繁华,"状元卷"、龙兴寺佛教造像、"宜子孙"玉璧、金环首、彩绘陶瓷等5万多件珍藏文物奠定青州博物馆文化地标的地位。

2. 青州全域旅游发展的核心思路

近年来,青州市委、市政府持续深入贯彻落实全域旅游相关文件精神,坚持政策推动、项目带动、品牌拉动的发展思路,以文化为底色,全力打造"文化赋能、全业融合"的全域旅游青州样本。

(1)政策推动

青州市坚持组织保障、机制引领、政策支撑同向发力,加速推进文旅融合发展。高规格统筹推进,贯彻落实"旅游立市"发展战略,形成责任单位一体推进、相关部门单位和各镇街区全程参与、文旅企业百花齐放的发展格局；出台扶持旅游基础设施建设、旅游品牌创建、旅游企业组建、优秀人才培养等优惠措施的旅游发展保障和奖励政策，推动青州市全域旅游高质量发展。

（2）项目带动

作为华夏古“九州”之一，青州坚持推进“产、城、游”融合发展，不断丰富旅游业态，呈现出文旅融合项目如火如荼、乡村旅游项目方兴未艾、夜间旅游项目和生态康养旅游项目蓬勃兴起的良好态势。

一是做深文化游。青州市围绕文旅融合发展理念，不断丰富旅游供给体系，推动“旅游+非遗”融合发展，围绕“一村、两园、三城、四街”打造文旅融合十大平台，打造青州古城、宋城、范公亭等旅游项目以及文化旅游演艺项目，开展青州花毽等非物质文化遗产的常态化展演。

二是做大乡村游。青州市以实施乡村振兴战略为契机，打造美丽农村，开发农业庄园，实现农业景观化，大力推进清风峪有机水果采摘园等农旅融合项目；整合乡村旅游资源，精心培育打造融自然探索、研学行知、拓展培训于一体的九龙峪田园综合体项目；全力打造桐峪里特色民宿、胡林古乡村旅游综合体、井塘古村、庙子镇、杏花村旅游度假区、南阳河亲子乐园等乡村旅游精品项目。

三是做靓夜间游。青州市着力发展夜间旅游，推广“夜游青州”品牌，打造集休闲娱乐、非遗集市、美食集市、购物集市、旅游住宿等于一体的一流夜间文旅消费集聚区；重点打造夜游、夜娱、夜食、夜购等一批夜间文旅项目，如青州不夜城项目、青州九龙峪项目、东华南巷网红街项目等；同时探索“夜游+演艺”新模式，打造夜间文化演艺项目，激发青州夜间“烟火气”。

四是做活康养游。青州市着力发展康养旅游，推广“文旅康养青州”品牌，全市文旅康养企事业单位达3000家，重点打造九龙峪康养中心、仰天山养生基地、青城国际养生旅游度假区等文旅康养项目，推动“旅游+康养”融合发展，荣获“2021年度山东省文旅康养强县”称号。

(3)品牌拉动

青州市以活动聚人气,以媒体为渠道,造声势、扩影响、树品牌。

突出品牌打造。青州市积极参与国家、省、市组织的旅游推广活动,先后举办“青州古城过大年”“中国青州书画年会”等特色鲜明的旅游节事活动。特别是“古城过大年”系列,盛况空前,各级媒体纷纷报道,大范围、高质量地宣传“千年古城,信美青州”文旅品牌。通过大量景区活动策划吸引游客,充分挖掘各种文化资源,书写“古城青州”的锦绣文章,不断提升青州旅游的品牌影响力。

全面推介宣传。建立政府、企业、媒体三位一体的旅游市场推介机制。全面整合政府部门和相关行业、企业、媒体、公众的宣传资源,并结合微信公众号、抖音等新媒体平台和传统媒体平台,做好线上线下旅游宣传营销工作,构建大宣传格局,叫响“千年古城,信美青州”文旅品牌;坚持“优势互补、资源共享、区域联动”思路,积极融入“胶东经济圈一体化文旅联盟”“高铁环游齐鲁行”,加强周边区域联动宣传,不断扩大青州文化旅游的区域影响力和带动力。

3. 青州全域旅游发展的创新亮点

近年来,青州市立足区位交通条件和生态环境、文旅资源等优势,高质量布局文旅项目,打造文旅融合、城景融合新地标,走出一条“文旅融合、城景一体、主客共享”的全域旅游发展之路,着力让千年古城重新崛起。

(1)“青州模式”之文旅融合创新

文化是青州旅游的底色,青州在文旅融合发展全域旅游方面具有得天独厚的优势,开展围绕古城的全域旅游建设,形成了“东方古州,因文而立,因旅而兴,因融而活”的文旅融合青州模式。青州秉承“文旅结合、传保并重”的原则,充分挖掘非遗文化元素,设立非遗专项保护资金,依托非遗艺术团等建立非遗文化与旅游融合发展新模式,开展扑蝴蝶、踢花毽等非遗文化展演和传承活动,促进传统文化的传播,让青州旅游焕发出新活力。以文化为魂,青州市深入推进文化旅游融合,聚焦节事活动。翰墨青州·中国书画年会连续举办9届,集学术交流、书画展、艺术品交易于一体；第21届中国（青州）花卉博览交易会打造“云上花博会”，全方位展现青州花卉文化的时代风采；中国（青州）国际文化艺术品博览会佳作荟萃，推动青州文化产业健康发展；“全域旅游·魅力青州”农民画展记录青州旅游发展历程，丰富青州旅游文化内涵。

（2）“青州模式”之城景合一创新

青州市依托优质的旅游资源和良好的生态环境，突出“古”“青”特色，坚持“以古为蕴、以青为色、以水为魂”理念，整合区域自然文化资源，优化资源布局，突出打造高质量、高创新、高融合的旅游产品，形成“城区即景区、景区即城区”的“城景合一”大格局，成功打造“全景全业全季全享”的全域旅游发展模式。

（3）“青州模式”之主客共享创新

青州兼顾本地居民休闲娱乐需要和外来游客旅游体验需要，对本地居民实行国有景区免费开放政策，青州古城等景区免费参观，同时开展非遗展演等文化演出，满足居民、游客精神文化需要；加强基础设施建设，完善公共服务体系，包括交通系统、住宿接待设施、旅游标识系统、生态停车场、公共厕所、游客服务中心、旅游集散中心等，全面提升公共服务水平，打造宜居宜业宜游的美丽小城，使居民和游客共同享用旅游资源和公共服务，真正做到“美人之美、美美与共”，不断增强居民游客的获得感、幸福感。

从春天黄花溪交相辉映的瀑布山花、黄门山铺天盖地的桃花盛开到夏天仰天山“一窍仰穿，天光下射”的震撼体验、王府溪谷漂流游乐园的溪谷漂流，从秋天九龙峪层林尽染的漫山红叶、古城偶园青砖青瓦的古典之美到冬天青州古城银装素裹的诗意之美、天赐山景区玲珑剔透的延绵冰瀑，春夏秋冬，青州处处皆风景。从青州博物馆汇聚文化精华的5万多件文物珍藏，到井塘古村的古村落风情，以文促旅、以旅彰文，文旅融合的青州，青山青水，宜居宜游。

6.3 本章小结

全域旅游在国外有成功经验,在国内有实践基础。本章主要选取有代表性的国外全域旅游发展典型国家瑞士、法国以及国内全域旅游发展先进城市贵州花溪、山东青州。通过分析瑞士、法国全域旅游发展的特点和全域旅游典型地区以及花溪、青州全域旅游发展的基础支撑、核心思路和创新亮点,为江西省全域旅游发展模式的形成提供经验借鉴。

瑞士的全域旅游主要通过全域化旅游交通、全域化旅游服务、全域化旅游标识、全域化旅游产品、生态旅游全域持续、政府支持全域发展等各方面实现;法国的全域旅游突出体现在"都市—乡村"旅游一体化发展上,坚持"处处皆风景,人人皆风景"的全域旅游理念,加快完善基础设施建设,保持旅游产品的原真性本土性与独特性,加强政府政策与资金扶持;花溪区按照全景式打造"全产业发展、全社会参与、全方位服务、全区域管理"的发展思路,把花溪打造成为"景城一体"的国家全域旅游先行示范区;青州坚持政策推动、项目带动、品牌拉动的发展思路,立足区位交通条件和生态环境、文旅资源等优势,布局高质量文旅项目,打造文旅融合、城景融合新地标,走出一条"文旅融合、城景合一、主客共享"的全域旅游发展之路,着力让千年古城重新崛起,打造文旅融合青州模式。

第 7 章

江西省全域旅游的发展模式

“全域旅游”是指在一定区域内,以旅游业为优势产业,通过对区域内经济社会资源尤其是旅游资源、相关产业、生态环境、公共服务、体制机制、政策法规、文明素质等进行全方位、系统化的优化提升,实现区域资源有机整合、产业融合发展、社会共建共享,旅游业带动和促进经济社会协调发展的一种新的区域协调发展理念和模式。由此可知,全域旅游观点认为各景区景点不应该是单一的、独立的,而是把整个区域当作一个旅游景区,倡导各行各业融入其中,全城居民共同参与。它充分利用本地区全部的资源,为游客提供全过程、全时空的旅游产品,从而全面地满足游客的全方位体验需求。

随着全域旅游的快速发展,需要全新的、贴合全域旅游发展理念的新模式。而模式的选择则应综合考虑不同旅游目的地的类型、发展阶段和目标定位,以及该地资源禀赋、经济发展水平和文化脉络等因素。2019 年,文旅部发布了首批国家全域旅游示范区公示名单,共有 71 家;2020 年,文化和旅游部正式公布了第二批 97 个国家全域旅游示范区名单,根据这 168 家国家全域旅游示范区的特点,总结出 8 种全域旅游发展模式,分别是文旅融合发展型、旅游扶贫富民型、城乡统筹型、生态依托型、休闲度假型、景城共建共享型、资源转型、边境开发开放型。截至 2021 年 12 月,江西共有 7 个国家级全域旅游示范区,32 个省级全域旅游示范区。全域旅游属于全新的旅游发展模式,该模式还处在探索阶段,为了全面指导江西未来的旅游发展建设,总结区域内县(市)区发展全域旅游的做法和经验,本章将对景城一体型、城乡统筹型、生态依托型、扶贫富民型、文旅融合发展带动型五种模式进行详细介绍。

7.1 景城一体型的全域旅游发展模式

景城一体是城市和旅游协调发展的重要模式。景城一体化的重点在于"景""城""一体"三方面,将三者融合形成"化"是追求的目标。通过景城一体化,优先发展旅游业,满足居民、游客需求的景城融合空间体,达到景城共创、共建、共兴、共享、共赢发展。景城一体化发展模式互证互论、互联互通,有其理论依据。景城一体化突出强调文化和旅游的深度融合,不是简单的叠加和复制,"景"必须是具有文化、生命的景致,"城"必须是具有文化氛围的文化场所。

能够形成景城一体化发展模式的地区需要具备两个条件:一是区域本身具有特色鲜明的旅游资源,二是城镇化建设具有一定基础。另外,景区和城市(镇)在空间上能够相互连通,拥有打造"景在城中,城在景中"整体感的空间可能性。在进行旅游产业规划时,应当将景区和城市(镇)作为一个整体的旅游吸引物来打造,特别是城市(镇),除了要满足居民的生活需求,还要考虑旅游者的游玩需求。通过对江西省各县(市)区的全域旅游发展情况分析,赣州市石城县和九江市武宁县采用的是此种模式。

7.1.1 赣州市石城县的景城一体型发展模式

石城"碧水丹山、人文荟萃",位于江西省东南部,因"环山多石、耸峙如城"而得名,总面积 1581.53 平方公里,辖 5 个乡 6 个镇 1 个城市社区管委会,共 33.4 万人口。石城既是江西母亲河赣江的源头,又是中华客家文化发祥地、中央红军长征重要出发地,是"中国白莲之乡""中国灯彩艺术之乡""中国民间文化艺术之乡""中国温泉之城"。

近年来,石城县以创建国家全域旅游示范区为契机,围绕打造"全国知名生态休闲康养(温泉)旅游目的地”,大力实施“精致县城、秀美乡村、特色景区、集群产业”四位一体全域旅游发展模式,坚持“全链条发展、全景化打造、全产业融合、全社会参与、全民化共享”发展路径,加快“全景、全业、全时、全民”文旅融合发展步伐,构筑起一幅景城共融、主客共享的全域旅游新画卷。截至2021年12月,石城县现有全国重点文物保护单位、国家级非物质文化遗产代表性项目、国家级自然保护区、国家地质公园等国家级品牌8个,国家AAAA级景区2个,全国乡村旅游重点村1个,省级旅游度假区1个,省级生态旅游示范区1个,省级旅游风情小镇2个,AAAAA级乡村旅游点1个,AAAA级乡村旅游点2个,多个AAA级景区、乡村旅游点,先后荣获“全国休闲农业与乡村旅游示范县”“国家重点生态功能区”“中国最佳文化生态旅游目的地”“江西省旅游强县”“江西省生态文明先行示范区”“江西省首批全域旅游示范区”“江西省旅游综合改革试点县”等称号。

在全域旅游的发展建设中,石城县紧紧围绕“吃住行游购娱”旅游六要素,着力打造闽粤通衢“旅游文化街区”、琴江沿岸30千米主题景观长廊、九寨温泉度假庄园二期、大畲花海温泉、睦富温泉休闲度假区。以通天寨、八卦脑、赣江源为核心景点,以县域内各景点串点为线,连线为带,打造北有客乡莲韵文化休闲区,中有山地温泉休闲养生度假区,南有赣江源田园生态体验区,百里荷花观光带。2020年,该县实施旅游相关重点项目105个,计划总投资91.8亿元,目前已完成投资71.4亿元,其中,石城县琴江廊桥项目、大畲温泉小镇、花乐园等项目投资均在1亿元以上,长乐农旅一体化示范园项目投资甚至达4.8亿元。截至2021年8月,石城县接待游客人数691.9万人次,是该县人口的20多倍,实现旅游综合收入40.02亿元。

7.1.2　九江市武宁县的景城一体型发展模式

武宁县位于赣西北,地处湘鄂赣三省交界地带,国土面积3507平方公里,人口41万。境内绵延着幕阜山脉与九岭山脉,八百里修江在这里汇聚成江西省唯一拥有国家一级水质的湖泊——庐山西海,水质在全国56个重点湖泊中位居前三;该县是“林长制”的首创之地,森林覆盖率达 75.49%,负氧离子含量高达 15 万个/立方厘米。2007 年,时任国务院总理温家宝同志视察武宁时亲笔题赠“山水武宁”。截至 2021 年 12 月,武宁县有国家 AAA 级以上景区 11 个,AAAA 级以上乡村旅游景点 4 个,特色街区 2 个,旅游度假区 1 个,旅游风情小镇 2 个。先后荣获国家级生态示范区、国家森林城市、国家卫生县城、国家园林县城、全国文化先进县、全国森林旅游示范县、江西省首批全域旅游示范区、江西旅游强县等荣誉,连续四年获评为江西省旅游产业发展先进县和江西省高质量发展先进县。

武宁县依托良好的山水资源,对全县的旅游景点进行整合、改造、提升,着力打造旅游精品,形成产业集群。围绕“山、水、城、乡”精心谋划布局旅游项目,坚持“点、线、面”齐抓,精心打造“山岳武宁、水上武宁、夜色武宁、康养武宁、乡村武宁、空中武宁”6 条旅游风景线;串联全县特色景区景点,塑造“春赏浩瀚花海、夏游万顷碧波、秋登九岭幕阜、冬泡原汤温泉”的旅游品牌,“桥中桥”“武宁之窗”等旅游产品广受好评。2018 年,突出武宁特色、低成本、新视角打造大型实景水秀旅游演艺项目《遇见武宁》实现常态化演出,成为武宁旅游新的“引爆点”,年均接待游客量 69.1 万人次,占过夜游的 34.7%,有效带动武宁县夜经济的发展。花千谷、华夏水上乐园、花源谷房车营地、鲁溪洞等一大批核心项目先后建成运营,成为推动全域旅游发展新引擎。

武宁县率先推进“景城一体化”发展,建设“中国最美小城”。坚持“产业围绕旅游转、功能围绕旅游配、形象围绕旅游塑”,把城区当景区建,把项目当景点建。高标准建成武宁之窗、江南山水窟、鳌鱼文创园、文化广场、西海楼等一大批亮点工程,实现“一座城市,一个 AAAA 级景区”,市民和游客均能享受优质旅游供给。除此之外,武宁还打造了“湖泊、山岳、航空”立体式旅游产品,在全省形成强有力的竞争力。坚持山水联动,充分彰显“两山夹一水”的地理优势,错位发展湖泊型景区和山岳型景区,在全省率先开发直升机、热气球、滑翔伞、三角翼等低空旅游产品,武宁西海水上乐园、黄金海岸水上运动俱乐部也吸引了大批游客,引领全省水域旅游发展和立体化旅游产品开发。

7.2　城乡统筹型的全域旅游发展模式

城乡统筹是指以城市带动乡村,城乡协调发展,农村在城市的带动下以及农业在工业的推动下建立起来的一种城乡协调互助的政策机制,它使城镇和农村能够有达成共识的目标利益,并且尽可能公平地分享这个利益。在全域旅游发展背景下,旅游助推城乡发展。城乡统筹必须顺应全域旅游的相关要求,在旅游发展中将各方面落实到位。目前,我国已处于休闲度假旅游时代,大多数旅游活动发生在旅游产业较成熟的市内或传统景区,但城市之外的乡村、郊区也拥有丰富的旅游资源如优美的生态环境、成片的田园风光、独特的乡村建筑,这些也是重要的旅游吸引物。城乡统筹型的全域旅游发展模式就是打破这种城市或者传统景区独占鳌头的发展格局,将城市和乡村联合起来打造独具特色的旅游吸引物和服务业态,将人力、物力、财力等资源要素适当向农村倾斜。

城乡统筹的发展模式一般适用于旅游资源在空间上分布比较均匀且区域内生态环境优美,城市和乡村的旅游资源各有特点、能够形成优势互补的地区;或者是两区域的地理位置相邻,旅游资源类型相同,能够形成一致旅游形象标识的地区。在全域旅游的发展规划中,应当站在全局发展的高度上整合资源、统一规划,充分发挥旅游业带动农业、城市辐射农村的作用,践行乡村振兴战略,加快文农旅融合,加快构建城乡发展新格局。通过对江西省各市区的全域旅游发展情况分析,景德镇市昌江区和吉安市井冈山市采用的是此种模式。

7.2.1　景德镇昌江区的城乡统筹型发展模式

昌江区在江西省景德镇市的西南部,全区土地面积 319 平方公里,常住人口 17.1 万,区位优势明显,交通十分便利,位于市区北郊的机场可供大中型客机起降,已形成了南北通、东西畅的交通网络体系。区内青山绿水、风光秀丽,陶瓷文化、红色文化、航空科技文化、农耕文化精彩纷呈,交相辉映。“山河相掩映、往来成古今”是昌江区自然风光和文化底蕴的真实写照。截至 2021 年

12 月，全区有 AAAAA、AAAA、AA 级景区各 1 个，国家级森林公园、湿地公园、水利风景区、文物保护遗址以及省级森林公园各 1 个，工业旅游示范基地 2 个，特色街区 2 个。2020 年接待游客 1700 万人次，实现旅游收入 141 亿元。

打造城乡统筹型全域旅游发展示范区，是近年来昌江区根据实际探索的创新发展模式。全区拥有两镇、两乡、两街道，既有城区，又有村落；既有市民，又有村民，是典型的城乡接合区。昌江区紧跟新时代，以项目为支撑，形成多元合力，成功构筑城乡统筹的全域旅游发展格局。在市区，放大国家 AAAAA 级景区景德镇古窑民俗博览区和中国陶瓷博物馆的辐射效应，开展陶瓷研学、红色研学，加速古今配套景观、设施及各类文化项目建设，推进城区景区化建设；以陶瓷文创园、航空小镇建设为平台，推广陶瓷创意研修体验游、现代陶瓷工业游和航空工业游。在乡镇，建设荷塘特色小镇，做强做大"洪家大院"红色旅游；依托良好的民俗文化、自然生态、民居村落、田园风光等优势资源，着力打造康体养生、农耕体验、生态观光、休闲度假、民宿经济等多种类型的乡村旅游产品。

近年来，昌江区牢记习近平总书记"要建好景德镇国家陶瓷文化传承创新试验区，打造对外文化交流新平台"的嘱托和李克强总理"把千年瓷都打造成国际瓷都"的期待，围绕"建设魅力昌江、做靓瓷都门户，在打造与世界对话的国际瓷都中实现新跨越"的目标定位，坚持全域旅游城乡一体化规划、一体化建设、一体化发展，相互融合，同步提升。并结合"双创双修"（创建全国文明城市、创建国家卫生城市；生态修复、城市修补）工作，极大地提升了国家全域旅游示范区的建设水平，全区发展取得明显成效，旅游城市面貌焕然一新，国际瓷都形象大大提升。近年来共建共创共享的实践证明，城乡统筹型的全域旅游发展模式符合昌江区的实际。

7.2.2 吉安市井冈山市的城乡统筹型发展模式

井冈山，位于江西省吉安市，地处湘、赣两省交界的罗霄山脉中段，是由原井冈山市、原宁冈县于 2000 年县市合并而成，国土面积 1462.4 平方公里，现有人口 190315 人，森林覆盖率达到 86%以上，被誉为"红色摇篮、绿色宝库"。截至2021年12月，现有国家AAAAA级旅游景区1个、AAAAA级乡村旅游点2个、AAAA级乡村旅游点8个、AAA级乡村旅游点3个；各类宾馆、民宿450余家，接待床位2.6万余张，其中星级酒店15家；旅行社31家，红色培训机构近300家。2020年，全市旅游接待人数1212.53万人次，旅游总收入94.36亿元，近3年，井冈山旅游对全市财政收入的贡献率均达17%以上。

井冈山是首批国家AAAAA级旅游景区、首批国家重点风景名胜区、首批全国文明风景旅游区、首批国家生态旅游示范区、全国十大红色旅游目的地、全国休闲农业与乡村旅游示范市、中国旅游胜地四十佳，被列入联合国教科文组织世界生物圈保护区和世界遗产预备名录。2018年10月，获评首批江西省全域旅游示范区。2019年9月，国家文化和旅游部公示第一批国家全域旅游示范区名单，井冈山榜上有名。其对全域旅游的发展思路如下。

第一，通过高起点规划、高标准设计、高品质打造，结合特有的红色资源，将旅游发展规划和城市规划相结合，逐渐推行“多规合一”，强化全域旅游的顶层设计和整体统筹。

第二，精准发力，进行以茨坪为核心，梨坪、罗浮、黄坳、龙市、厦坪、茅坪为辐射的旅游特色小镇建设。主动融入并引领井冈山、永新、遂川红色旅游一体化建设。联手武功山、青原山打造“大井冈旅游经济圈”。以井冈山、衡山、韶山“三山”战略联盟、湘赣边区域“九县一市”开放合作以及全国红色旅游创新发展城市联盟为平台，打造赣西湘东大旅游圈。

第三，精心运作，打造柏露·鹭鸣湖景区、荷花大仓会见旧址、黄坳排头兵广场等旅游项目，包装策划推介“红色文化广场”“井冈山乡村旅游及自驾车宿营基地系列项目”等51个旅游招商项目，引进中信集团、华润集团、康辉集团等大企业投资兴业。同时，建立以政府投入为引导、社会资金为主体的市场化、多元化投融资体系，放宽市场准入，设立旅游产业发展基金，推动旅游上市工作。

7.3 生态依托型的全域旅游发展模式

生态依托型主要是依托优良不可复制的自然资源，包括高山、溪水、海洋、温泉、森林、云海、田野等，这些优质的自然资源都具有一定的康养价值，同时对旅游者有一定的吸引力。生态环境为发展之本，休闲旅游、健康养生为发展之核，生态种植、养生养老为重点建设之业，这一类型适宜于生态休闲旅游景区众多或者自然生态环境相对较好之地，借助当地的有利气候与优美环境开发一系列专项旅游产品。这种开发模式的核心优势在于项目地的资源具有不可替代性，例如以生态为依托的康养旅游产品具有核心竞争优势，难以替代。

生态依托型的全域旅游发展模式要求积极探索“生态产业化、产业生态化”的绿色发展之路。坚持保护与开发并行，以生态振兴引领全域旅游创新发展。建立生态保护政策保障，调动全民参与生态保护，坚持实施生态优先绿色发展行动，修复生物多样性，推动人与自然和谐发展。合理利用生态空间，开展多元化生态体验活动，实现生态资源的价值最大化。综合开发生态康养、研学旅行等精品旅游线路，研发四季旅游产品，将“绿水青山”有效转化为群众手中的“金山银山”。同时还要立足基础资源发展特色产业，防止同质化低端竞争，鼓励环境友好型和资源节约型工业发展，淘汰落后产能，实现社会效益、经济效益与环境效益的联动提升。生态环境是旅游发展的首要条件，通过生态环境修复、城乡节能减排、农村人居环境整治等工程建设，助推旅游发展由景点旅游模式向全域旅游模式转变，不断提升完善旅游吸引物。通过对江西省各市区的全域旅游发展模式分析，宜春市靖安县和抚州市资溪县采用的是此种模式。

7.3.1 宜春市靖安县的生态依托型发展模式

靖安县位于江西省宜春市，国土面积1377平方公里，人口16万，距南昌37公里，全县森林覆盖率达到84.1%，旅游景区森林覆盖率达84.1%，处于全国一流水平，被评为“中国天然氧吧”。截至2021年12月，靖安县有国家AAAA级旅游景区3个，全国乡村旅游重点村1个，全国工业旅游示范点1个，江西省

AAAA 级以上乡村旅游点 9 个，省级特色小镇 3 个，特色街区 2 个，旅游度假区 1 个。2020 年全县旅游接待人数 1061 万人次，旅游总收入 61.66 亿元。靖安县的旅游发展得到了上级部门的充分肯定，被认定为首批江西省全域旅游示范区，被评为全国休闲农业与乡村旅游示范县、全省乡村旅游工作先进单位、全省旅游扶贫工作先进单位。中源乡三坪村被评为“中国乡村旅游模范村”，蓝孔雀生态庄园被评为“中国乡村旅游模范户”，古楠村乡村旅游点、蓝孔雀生态庄园、西头村示范点、白沙坪山庄、食德居、三哥农家饭庄被评为“中国乡村旅游金牌农家乐”，古楠村舒敏璋荣获“中国乡村旅游致富带头人”称号。

根据江西省生态环境万公布数据，靖安县连续多年生态环境状况指数评价等级为优，位于全省前列。靖安县先后荣获全省十佳绿色生态县、全省首批省级生态县、首批省级生态文明先行示范县、全省首批国家生态县、全国首批“国家生态文明建设示范县”和“绿水青山就是金山银山”实践创新基地等荣誉称号。靖安县毗邻南昌，交通十分便利。2011 年 10 月昌铜高速公路（南昌至靖安段）正式通车后，全面改善靖安的交通条件，加快靖安融入“南昌半小时经济圈”和“环鄱阳湖经济圈”发展步伐。靖安县连续五年被省委、省政府评为全省生态环境建设先进县。在 2018 年 5 月召开的全国生态环境保护大会上，习近平总书记点名表扬了靖安“一产利用生态、二产服从生态、三产保护生态”的发展模式。

依托优越的生态环境和区位优势，靖安县坚持“以旅为先”的县域经济发展思路，多年来致力于把生态优势转化为旅游产业发展优势，全力发展全域旅游，大力唱响“有一种生活叫靖安”品牌，实现了生态美、旅游旺、乡村兴三位一体的良好局面。旅游业已成为靖安经济发展的支柱产业和引领三产发展的龙头产业。近几年来，靖安县在全县旅游产业蓬勃发展的态势上，提出了“以大型旅游项目为支撑，以乡村旅游为背景，以乡村振兴为使命”的全域旅游发展格局，把大力发展乡村旅游作为旅游产业转型升级和助力乡村振兴的一项重要工作内容。举全县之力推进乡村旅游建设，大力促进乡村振兴，取得了良好的经济效益和社会效益,为乡村振兴闯出了一条康庄大道。

此外,靖安在全县范围内,打造了“三级游客中心”,形成以县城、旅游小镇、景区驿站为节点的“1+3+N”全域旅游服务环境。建设了从县城旅游集散中心至核心景区“三道并行”的七彩景观通道、山地自行车骑行绿道、水上游览道,贯穿全域各大景区,将散落在境内的颗颗美景串联起来,形成极具特色的全域旅游交通新格局。

为城市更美,靖安县启动“决战城市功能品质提升、打造县城美丽大景区”行动;为乡村更美,用“旅游风情小镇”的标准建设集镇,按大公园的理念建设乡村;为河流更美,首创“认领河长制”,北潦河被评为长江生态经济保护带最美河流;为森林更美,首创1300余名“树保姆”保护1万多棵古树名木……坚持主客共享的需求,靖安将城乡空间当作景区景点规划建设,全域旅游发展融合对接,聚众智,举全力,旅游全局满盘皆活,2022年荣获江西首批“风景独好”旅游名县。

7.3.2 抚州市资溪县的生态依托型发展模式

资溪地处江西省东部、武夷山脉西麓、长江经济带与海西经济区交汇处。全县总面积1251平方公里,人口13万。境内重峦叠嶂、河溪密布、沟壑纵横,自然风光集奇、秀、美为一体,人文景观融山、水、田、林、村为一体,一年四季、时时处处都是清新的山水画卷。2016年以来,全县接待游客量年均增速达20%以上,旅游综合收入约占全县地区生产总值比重的65%。2020年,资溪县接待旅游人次484.4万人次,同比增长3.5%;实现旅游收入27.55亿元,同比增长2.8%。截至2021年12月,资溪县有国家AAAAA级旅游景区1个,AAAA级旅游景区4个,AAA级景区3个,AAAA级以上乡村旅游点5个,特色街区2个,度假区1个。

优美的自然生态是全域旅游的最美底色。为守护“天然氧吧”,该县早在2002年就提出了生态立县、旅游兴县战略,并率全省之先对领导干部实行“生态审计”,在全县开展生态环境司法保护,生态意识深入人心,境内森林覆盖率升至87.3%,列全省前茅。资溪是国家级生态示范区、全国绿化模范县,境内有华南虎野化放归区、清凉山国家森林公园、马头山国家级自然保护区。资溪县山水资源丰富,空气和环境综合指数领先:据中国科学院生态环境研究中心连续3年测定,每立方厘米空气中负氧离子含量平均达3万个单位,最高达36万个单位,生态环境综合评价指数列中部县区第一位,在全国排名第七,被誉为"华夏翡翠、人类绿舟"。

纯净的生态环境有着巨大的经济效益。近五年,该县建成国家AAAAA级旅游景区大觉山、国家AAAA级旅游景区大觉溪、野狼谷、真相乡村旅游区等一批龙头景区,发展果蔬、竹笋、有机白茶等产业,被列为国家全域有机农业示范区。2017年,该县又抓住列入首批国家全域旅游示范区创建单位的机遇,聘请清华大学、中央美术学院等专业团队,高起点规划旅游产业布局,使"1+4+N"旅游发展格局迸发出前所未有的活力。目前已形成以大觉山为核心,"大觉溪田园综合体""真相乡村""马头山生态养生""法水健康养生"等4条旅游精品线为脉络的全域旅游发展格局。全域已成为田园风光、纯净山水、秀美乡村、有机农业等资源优势突出的县域公园,全力展现出"面包之乡·纯净生态"的神奇魅力。

资溪县生态优势突出,是一块极具潜力的开发宝地。该县地处赣闽边界,是由赣入闽的主要通道之一,是"长三角"与"珠三角"两大工业海洋中的一块"绿岛",也是鄱阳湖生态经济区和海西经济区的天生接点。该县处于龙虎山和武夷山两大著名景区之间,生态旅游的区位独特,向北可以融入鄱阳湖生态旅游示范区,成为赣北"五彩精华"旅游圈中的亮点,向南可以将三清山、龙虎山、武夷山、大金湖等著名风景名胜连为一体,构成国际著名的黄金旅游线路。

依托优越的生态环境,资溪县形成了生态依托型的全域旅游发展模式。资溪县围绕全域旅游发展的目标,积极开展旅游线路沿线风貌集中整治。以全面开展城区30万平方米的棚户区改造为契机,重点推行以"精心规划、精细设计、精致施工"为内容的秀美乡村建设,使美丽山城更加秀美和谐。在创建国家全域旅游示范区过程中，资溪县积极探索，大胆创新，以生态建设支撑全域旅游发展，深化国家生态文明建设示范县建设，通过“纯情引大商、极品赢市场、全县扶龙头、品牌统全域、生态变业态、产业富民生”的举措，走出了一条“绿水青山就是金山银山”的生态产品价值实现的新道路。

20年以来，资溪县立足生态优势，确立“生态立县、绿色发展”战略，通过“政府主导、政企联动、社会参与”的发展模式，大力发展以生态旅游为龙头的生态经济产业。景区开发呈现出从无到有、从少到多的可喜变化，旅游产业取得了从小到大、从弱到强的明显成效。2021年，全县旅游接待人数突破500万人次，实现旅游综合收入超过30亿元。

7.4 扶贫富民型的全域旅游发展模式

《国务院办公厅关于促进全域旅游发展的指导意见》中指出，发展全域旅游，要大力推进旅游扶贫和旅游富民。旅游扶贫是一种通过开发贫困地区的旅游资源带动本地区的经济发展，帮助困难群众和地方财政脱贫致富的产业扶贫开发方式。市场在旅游扶贫中发挥的作用相较于其他类型的扶贫而言更为明显，对资源的配置效率更高，社会成本更低。旅游扶贫有两个明显的特点：一是旅游和扶贫能够相互包容、相互融合，两者的结合可以相互促进、相得益彰；二是旅游扶贫能够维护人的尊严，它并不是直接拨款，而是发展本地旅游项目的精准扶贫。

在推进全域旅游发展的过程中，应当积极实施乡村旅游扶贫富民工程，大力整合各方资源发展旅游产业，完善“旅游景区+扶贫村”的旅游扶贫模式。通过改造居民住房、发展农家乐、定点采购、建立土特产销售区、安排就业等方法，提高乡村的集体收入和建档立卡贫困人口的人均收入。脱贫—富民—乡村振兴是一个递进的发展过程，将乡村旅游融入乡村扶贫和乡村振兴战略，以“+旅游”为路径，依托贫困地区的自然环境、生活和生产资源，开发乡村观光、休闲、娱乐、文化体验、度假、康养等乡村旅游产品，实现传统乡村经济向以旅游为主导的现代服务业转变。支持和鼓励外出打工的农民回乡就业创业,不仅促进了以传统农业为主的乡村经济体系的转型升级,也为乡村社会的持续发展注入了人力资源动力,使乡村经济能够通过全域旅游的发展实现由脱贫到富民,再到乡村的全面振兴。

扶贫富民型的全域旅游发展模式可以分为 4 种类型。一是景区发展型—农户直接就业模式:此模式适用于有旅游区的贫困区域或区域内有较高等级旅游资源的地区,通过创建或提档升级旅游品牌来带动当地贫困区域的发展。二是景区带动型—农户搭车模式:该模式适合新开发的高等级旅游区或者具有市场发展潜力(主要指公路沿线地区)的旅游区。三是旅游商品基地型—农户生产旅游商品模式:几乎适用于所有的农村地区,尤其是历史文化底蕴丰富的少数民族地区。四是旅游体验+农业园区型—农户提供特色产品模式:该模式更适用于大城市郊区或当地农产品特点比较明显的区域。通过对江西省各市区的全域旅游发展模式分析,上饶市婺源县和九江市修水县采用的是此种模式。

7.4.1　上饶市婺源县的扶贫富民型发展模式

婺源县位于江西东北部,与皖、浙两省交界,地处我国黄金旅游圈的腹地,交通区位条件优越。婺源有人口 37 万,国土面积 2967 平方公里,全县辖 1 个工业园区、1 个街道办、16 个乡(镇),凭借优美的生态环境和深厚的文化底蕴,荣获“中国最美的乡村”的美誉。婺源是全国唯一全域作为整体被评为国家 AAA 级旅游景区的县,截至 2021 年 12 月,婺源县有国家 AAAAA 级旅游景区 1 个,国家 AAAA 级旅游景区 14 个,A 级旅游景区数量居全国县级之最。AAAA 级以上乡村旅游点 7 个,工业旅游示范基地 6 个,旅游度假区 1 个。先后获得中国旅游强县、全国旅游标准化示范县、国家乡村旅游度假实验区、全国生态旅游示范区、国家级文化与生态旅游县、中国天然氧吧、国家级徽州文化生态保护区、国家全域旅游示范区、全国低碳旅游示范区、全国休闲农业与乡村旅游示范县、中国国际特色旅游目的地、中国国际乡村旅游目的地等 30 余张国家级文化旅游名片。

快速发展的旅游服务业为广大群众带来大量的就业岗位,全县直接参与旅游行业就业致富,依托旅游实现 2720 余户贫困户脱贫(占贫困户总数的 47.7%)。为更好地做好扶贫富民工作,婺源县高度重视农村生态环境保护。近年来,婺源县累计投入超 2 亿元用于农村生活污水治理,污水处理后达到国家Ⅰ级标准。

婺源县首创农民群众"参与式扶贫",打造全域旅游扶贫富民样板。通过资源分红、景区务工、自主创业等多种方式,全县旅游工作者多达 9 万人,间接受益者突破 25 万人,人均年收入超过 3 万元。篁岭村是典型的"参与式扶贫",在篁岭发展旅游的过程中,旅游产品的开发带动了农家乐、民宿、餐饮等相关产业的发展,为当地居民带来大量就业岗位,全体村民共同分享旅游发展红利,创造了独特的"篁岭模式"。篁岭村曾经入选中国"景区带村"旅游扶贫示范项目名单,由世界旅游联盟(WTA)、中国国际扶贫中心和世界银行联合发布的《世界旅游联盟旅游减贫案例 2019》,江西省文旅厅、中共中央统战部也将篁岭村的旅游扶贫模式作为经典案例在全国进行推介。篁岭村既是上饶旅游扶贫的榜样和典范,也是江西乃至全国乡村旅游扶贫工作中的新标杆和新范例。周围村民的大力支持、对本地区人力物力资源的充分利用促进了篁岭村的飞跃式发展;篁岭村在开发过程中也持续对村民进行旅游反哺,不断创造新的就业岗位,实现景村融合发展、合作共赢。

在篁岭村的参与式扶贫中,旅游公司在新拓展的"天街"两旁新增大量书店、伞店、酒馆、茶馆、邮驿等店面,对年轻村民返乡创业形成有力吸引;餐饮业和住宿业的发展也为当地增加了就业岗位。篁岭古村现有常住人口 82 人,返乡人口 62 人,本地人口 77 人。每年支出四五百万元用于种植、管理"鲜花小镇"、"晒秋"农作物的务工人员的劳务工资。在政府政策的指引下,篁岭成立种养合作社,与农民合作实行订单农业生产,解决近 200 位村民的就业问题,带动周边村庄 50 余户人家从事农家乐经营。除此之外,篁岭景区有 A、B 两条观光索道,索道下的农贸市场中有 40 多个售卖当地特产的摊位,这些摊位按照相应比例分配给村民,为村民带来切实可观的收入。篁岭景区仅用短短3年时间,就让篁岭村从一个濒临消亡的贫困村成为全国知名的小康示范村。

7.4.2　九江市修水县的扶贫富民型发展模式

修水县位于江西省西北部修河上游,位于湖南、湖北、江西三省九县中心,位于国家长江中游城市群的中心位置。全县总面积4504平方公里,人口89万,是江西省面积最大和九江市人口最多的县。

修水绿、红、古、特四色资源丰富,自古就有“大江以西山水之秀甲天下,洪州分宁县钟秀居多”“山川深重,可供游览”的盛誉,森林覆盖率高达73.46%,至今保存着江南最后一块原始(次)森林。

近年来,修水县全域旅游发展呈现良好局面,已基本形成乡村旅游、观光游览、红色旅游、休闲度假、文化旅游等多元化的旅游产品结构体系。截至2021年12月,修水县共有国家AAAA级景区4个,省级旅游度假区1个,国家AAA级景区10个,四星级饭店4家,国家乡村旅游模范村2个,省级风景名胜区1处,省旅游风情小镇2个,省级工业旅游示范区2个,省级AAAAA级乡村旅游点1个、AAA级乡村旅游点20个,五星级自驾车营地1个。推出了休闲之旅、童真之旅、红色之旅、青春之旅、文化之旅五大主题旅游线路。近年来,修水旅游实现快速增长,年均增长20%以上,2021年全年旅游接待总人数突破936.5万人次,同比增长13.8%,旅游综合收入80.5亿元,同比增长20.1%。

修水县是一个“老、大、边、穷”的山区县,曾被列为省定特困片区县。全县将旅游产业作为县域经济发展的战略性支柱产业,以秀丽的幕阜山脉和纯净的修江源头等生态资源为本底,以黄庭坚和陈寅恪两座文化高峰为引领,较好地实现了自然山水与文化遗产融合发展。围绕双井黄庭坚故里景区、陈门五杰故里景区的周边区域,该县近三年打造20余个秀美乡村旅游点、159个美丽宜居示范村庄,形成乡村旅游连片集聚区。通过在景区设置扶贫摊位、吸纳贫困户直接就业、引导加入合作社、带动开办农家乐等形式开展旅游扶贫活动,带动贫困户参与就业和创业,全县旅游行业直接带动就业5000余人,间接带动就业3

万余人。旅游企业和旅游项目建设就业登记在册的贫困户 213 户 318 人，人均月收入约 3000 元，真正实现美了一方乐土，富了一方群众。

花臣武寨项目是修水县以“旅游+脱贫攻坚”在黄沙镇下朗田村实施的重点项目，也是一个集武术竞演、运动拓展、角色体验为一体的武文化主题的乡村旅游扶贫项目。该项目总面积 2 万余平方米，距离修水县城约 27 公里，是进入汤桥温泉的必经之地。项目主景区以下朗田村魏家武师魏花臣及其自创“四十八棍”的武术故事为主线，传播“保家卫国、强身健体、忠义仁爱、坚忍拼搏”的中华武术精神，打造一个融合武德、武魂精神和穿越各个时代的武术之村。该景区在建设过程中，充分结合脱贫攻坚工作，在务工方面优先招收贫困户劳动力。运营时，优先聘用贫困户就业，同时在景区内设有扶贫摊位，免费提供给村民使用。花臣武寨乡村旅游扶贫项目带动了下朗田村村级产业多元化发展。目前，该项目已引导村民创办农家乐 4 家，土特产和旅游商品销售 1 家，旨在通过旅游项目的人流、物流的导入，增加当地村民就业创业渠道，提高当地居民收入，助力精准扶贫。

7.5 文旅融合发展带动型的全域旅游发展模式

随着 2018 年中华人民共和国文化和旅游部的组建，文化和旅游相互融合问题开始受到各方关注。文旅融合将旅游活动作为文化传播的载体，通过感受文化升华旅游体验的深度，以此实现文化和旅游的相互融合。文旅融合有着天然内在的联系，文旅融合工作的开展能够有效促进资源和文化的保护开发，既可以宣传、继承优秀文化，又能够为旅游业发展带来新的动力和能量，促进文化和旅游共同发展。“文旅融合”应坚持“宜融则融、能融尽融、以文促旅、以旅彰文”，找到文化和旅游工作相互连接的最佳接口，推动文化和旅游全方位、多领域、深层次融合，实现资源共享和优势互补，形成文化建设和旅游发展的新引擎、新动力和新优势。

旅游是传播文化的一种有效媒介，大力发展旅游业，对于满足人们不断增长的物质文化需求和弘扬地方文化具有举足轻重的作用。数十年来，江西旅游业的发展有效地彰显了江西的地区文化，并成为江西保护文化、传承文化的载体。但旅游和文化的进一步融合势在必行，两者的融合不仅可以提高旅游资源的利用效率和文化产业的竞争力，还可以扩大整个旅游文化产业的格局，创造更大的效益。旅游与文化产业的融合需要将旅游资源的丰富程度和文创产业的发展水平纳入考虑范围，从而选择符合当地状况的融合模式。我国目前主要有以资源为主体的资源融合模式、以先进技术为手段的技术融合模式和以市场为导向的市场融合模式。

一般情况下，通过“旅游+”和“+旅游”，积极推进旅游产业和第一、二、三产业的融合，同时促进旅游和文化、体育、教育、康养、科技、商贸等行业的深度交流与融合，开发出一批文化休闲、生态观光、商务会展、休闲度假、乡村旅游等跨界产品，深入整合全域旅游要素，增强区域旅游的整体实力和核心竞争力。通过对江西省各市区的全域旅游发展模式分析，九江市庐山市和景德镇市珠山区采用的是此种模式。

7.5.1　九江市庐山市的文旅融合发展带动型发展模式

庐山市，地处江西省北部，市域面积913平方公里，人口23万，是江西省第二个以景区命名的县级市。2016年，经国务院批复同意，撤县设市（原名星子县），成为全国最年轻的县级市。庐山市背倚庐山，面临鄱阳湖，是一个集名山、名湖、名瀑、名泉、名人、名镇、名寺、名观于一体的旅游强市，被评为全国县域旅游竞争力百强县、中国夏季休闲百佳县、全国茶业百强县、中国最佳绿色休闲旅游名城，连续五年被评为“鄱阳湖越冬候鸟和湿地保护先进县”。截至2021年12月，庐山现有AAAAA级旅游景区1个，国家AAAA级旅游景区3个，旅游度假区2个，旅游风情小镇2个，旅游休闲街区1个，夜间文旅消费集聚区1个，乡村旅游点1个。

庐山市在推动全域旅游的发展建设中，坚持旅游强市发展战略，将旅游作为首位产业，确立了将庐山建设成为“全省龙头、全国示范、国际知名”的世界级旅游景区和度假区的目标。坚持以“旅游+”为引领，加大旅游与相关产业融合，持续放大综合效应，加快推进文化和旅游高质量发展。发展“旅游+文化”，庐山石刻博物馆、庐山地质博物馆、庐山宗教博物馆、庐山诗词博物馆建成开放，构成了“旅游+文化、科普、宗教、休闲”为一体的博物馆群。为加强遗产保护和文化传承，启动白鹿洞书院文化园、庐山会议中心、庐山演艺中心项目建设；发展“旅游+农业”，乡村旅游、农家乐顺势而为，特色生态园、特色种植基地如雨后春笋，庐山特色“石鸡”“石耳”“石鱼”“茶饼”“庐山云雾茶”等农旅产品广受欢迎，农业示范园和农业观光园建设如火如荼；发展“旅游+工业”，石材和羽绒，按厂房景区化要求，整合 105 家花岗石加工企业入驻环保石材产业园，被中央环保督察组赞扬“打通了‘绿水青山就是金山银山’的转化通道”，通过实施清洁空气行动计划、污水治理行动计划等，将生态环境优势转化为旅游发展优势。

为扩大“庐山天下悠”品牌影响力，该市不断用营销思维打造文旅品牌，积极打造国际旅游品牌，展现庐山国际范。连续两年高标准、高水准组织了庐山国际爱情电影周、第三届庐山国际名茶名泉博览会以及冰雪嘉年华等主题活动。2022 年计划筹备首届庐山全球招商领袖论坛、院长创新论坛等活动。

庐山文旅发展效应显著。一批重大文旅项目完成签约或开工建设，签订了 100 亿元项目 1 个（庐山天都文旅综合体项目）、60 亿元项目 1 个（庐山文旅新城综合体）、20 亿元以上项目 2 个（南康古城项目 20.8 亿元、6321 国际艺术小镇 20 亿元）、5 亿元以上项目 1 个（庐山文化旅游中心服务设施提升项目 7 亿元）。启动了 623 栋历史建筑的产权调查和确权登记工作，一批高品质的酒店和高端民宿在建或已建成。庐山文旅的发展促进了山下乡村旅游带的形成。庐山市玉京村通过发展乡村旅游，带动茶叶、皇菊等农产品销售，实现全村 134 人顺利脱贫，并被评为全国文明村、中国美丽休闲乡村。庐山创新地将旅游扶贫与“一乡一园，一园一景”工程结合起来，打造沙湖山、海会等连片现代农业产业园，建成 1079 个新农村建设点、18 个美丽宜居村庄，新增省级现代农业产业园2个、AAA级乡村旅游点7个,海会镇获评第二批国家级特色小镇。庐山市坚持以旅游活动作为人文圣山传播的载体,构建现代文旅业体系,成为全域旅游文旅融合发展带动模式的典范。2021年,庐山市年接待游客9382万人次、旅游综合收入774亿元。2022年荣获江西首批“风景独好”旅游名县。

7.5.2 景德镇市珠山区的文旅融合发展带动型发展模式

珠山区位于江西省东北部、景德镇市中心城区,百里昌江、南河穿境而过,国土面积111平方公里,人口33万。珠山区是千年瓷都的根脉所在,是千年瓷都历史老城区、文化中心区、商贸繁华区、“景漂”聚集区。珠山的陶瓷文化历史源远流长,有着2000多年冶陶史、1000多年官窑史和600多年御窑史,拥有悠久的陶瓷文化历史、丰富的陶瓷文化遗存、厚重的陶瓷文化积淀。截至2021年12月,珠山区有国家AAAA级景区3个,国家AAA级景区4个,国家工业遗产1个,中国美丽休闲乡村1个,获得亚太地区文化遗产保护创新奖、国家特色文化产业重点项目等多项荣誉。

珠山陶瓷资源富集,市井生活气息浓郁,旅游基础工作起步较早,具有得天独厚的优势。创建以来,区委、区政府将全域旅游作为推动产业转型、提升城市品质、增进民生福祉的战略选择,以内涵式、集约化、高质量发展为导向,全力补齐短板,促使优势更优。为保护传承文化产业,采取文旅产业与艺术、遗址、工业、街区等相结合的方式,打造精品项目、引进新兴业态,在保留传统文化和传统技艺的同时融入旅游要素,赋予景区、街区、园区、社区魅力活力。为创新更新文化产业,以有机更新为路径,与创意、生态、度假等相结合,建设高规格文旅项目,打造文旅融合、城景融合新地标。

珠山区根植陶瓷文化土壤,着重培育文化旅游新业态,拓展文旅融合的深度和广度。发展“文旅+工业遗存”,宇宙瓷厂等旧厂房变身文创街区和集市,聚集100余家企业,街区的博物馆已获联合国教科文组织的亚太地区文化遗传保护创新奖。发展“文旅+遗址”,御窑厂国家考古遗址公园提质升级,全力推进御窑遗址申遗工作。发展“文旅+街区”,重塑陶阳里历史街区,通过改造古城街区，传承陶瓷文化，延续陶瓷历史的同时植入年轻活力的新业态，在传承中创新，在延续中发展，呈现更全面的、与时俱进的陶瓷文化体验。发展“文旅+生态”，三宝国际瓷谷将历史文化保护和文脉传承与科技、生态、旅游、设计、产业发展等多个领域进行深度融合，全力打造陶瓷文化生态休闲体验区。目前，珠山已成为“以文化为引领，文旅融合、城景一体、主客共享”的全域旅游发展典范。

7.6 本章小结

本章主要分析了江西省全域旅游可持续发展模式及其代表县市，结合不同地市的资源特色、发展阶段和经济水平，总结出 5 种江西省全域旅游可持续发展模式，即景城一体型的全域旅游发展模式，代表县市为赣州市石城县和九江市武宁县；城乡统筹型的全域旅游发展模式，代表县市为景德镇市昌江区和吉安市井冈山市；生态依托型的全域旅游发展模式，代表县市为宜春市靖安县和抚州市资溪县；扶贫富民型的全域旅游发展模式，代表县市为上饶市婺源县和九江市修水县；文旅融合发展带动型的全域旅游发展模式，代表县市为九江市庐山市和景德镇市珠山区。

第 8 章

江西省全域旅游发展的保障措施

全域旅游的可持续发展需要多方努力、共同推动，江西省应重点从创新体制机制、健全政策制度、提升基础设施、强化信息支撑、加强营销推广、加强环境保护等方面强化保障措施，推动江西文化旅游产业发展，打造美丽中国“江西样板”。

8.1 健全体制机制

体制机制的创新是促进全域旅游有序发展的重要保证。通过体制机制的引领，各管理部门、各个景区等不同利益主体齐心协力，向地区经济协调发展的方向前进。然而由于旅游业已经由景点旅游向全域旅游迈进，传统的管理体制机制已经不能适应当前旅游业发展的需要，严重阻碍了旅游业发展的实践。江西省应对全域旅游的管理体制、投融资体制等方面进行改革与创新，创新旅游业发展的引领机制，建立综合协调管理的体制机制，深化旅游投融资机制改革，为实现全域旅游可持续发展提供强有力的支撑。

8.1.1 创新引领机制

全域旅游发展的关键是推动体制机制的转变，构建与全域旅游发展要求相适应的体制机制；全域旅游发展的核心命题是体制机制创新。强有力的体制机制是保障全域旅游能够在区域内实施的前提。

1. 强化领导机制

要实现全域旅游的发展，必须在政府的领导下，由制度上的变革推动整个地区的旅游业的转型，政府应从高位出发，通过宏观调控、高标准设计，提高资源整合能力。推进全域旅游发展，各级党委、政府要负责任，主要领导要全力支持，分管领导要亲自负责，把工作落实到位；组建全域旅游工作领导小组，把发展全域旅游作为首要任务来研究部署、督促落实；其他部门要主动作为，积极参与全域旅游工作，形成多管齐下的大旅游格局，共同推动全域旅游的有序发展。

2. 规划引领机制

规划是发展的科学依据和蓝图，江西省要实现全域旅游快速健康的发展，务必要真正落实好全域旅游规划。

首先要健全规划制度。全面推动全域旅游开发，要做好顶层设计，规划先行，全面普查省内各种旅游资源，全面整合富有特殊观光意义的自然景点、山川河道、历史文化乡村资源，合理规划，提出详细的专项规划和措施。在旅游服务、发展管理、推广宣传等方面，设计全域旅游发展的旅游产品指南，并制订具体的措施或行动计划，如旅游公共服务、旅游市场管理、宣传营销等方面，形成一个层级分明、相互协调、规范有效的规划体系。

其次要推进规划融合。“多规融合”在全域旅游规划中至关重要，应将“全域旅游”理念融入各类规划之中，大力推动旅游规划与经济社会发展、区域旅游、人文资源保护、基础设施建设等规划“多规合一”，科学制定区域旅游发展目标、空间布局、发展路径，推动全域旅游发展。

最后要推进规划实施。强化旅游规划的宣传和公示，制定实施全域旅游规划的工作分工和实施细则，并制定考核、奖惩、评估和监督等制度，重视规划实施的成效。

8.1.2 强化协调机制

全域旅游以整个区域为旅游目的地进行统一规划、整合资源，需要旅游行政管理部门具有高效的综合协调管理能力。

1. 推进旅游管理体制改革

全域旅游发展需要全地区、全部门与全要素的协同合作。政府应以“全区域、全要素”为理念基础，推动旅游管理体制改革，建立权责明确、运行高效的旅游管理体制。各级旅游部门要切实承担部门职责，如旅游资源普查、旅游监督管理、旅游综合执法、旅游市场治理、旅游宣传营销、旅游数据统计、旅游综合评价等。

2. 强化旅游综合协调和监管机制

综合监管机制是全域旅游能够发挥部门合力、行业合力、各片区合力的关键机制。推动全域旅游的发展需要按照各司其职的原则，形成多部门合力、全社会参与的统筹协调机制，综合监管的市场监管机制以及三级联动的应急处理机制。首先，要建立旅游工作联席会议制度，统筹协调各地旅游业的发展，处理好各部门之间及各自分管领域内的旅游安全、项目建设、监管等相关事宜；其次是成立全域旅游综合执法调度指挥中心，创建一体化的全域旅游综合执法机制，设立旅游警察支队、工商旅游分局、旅游巡回法庭等旅游综合执法机构，明确各部门的具体职责分工，实现部门之间的有序衔接、良好配合，切实提高监管能力；最后是构建中心统筹、部门联合、景区参与的三级联动应急处理机制。

3. 建立督导考核机制

全域旅游涉及范围广、交叉部门多，针对旅游投资、扶贫、市场秩序管理等诸多问题，要细化职责，制定具体的工作目标和考核方法，加强对旅游工作的督查督办。将对全域旅游工作的考核设定纳入政府评价体系和干部选拔任用的考核指标中，成立“全域旅游督导组”，每年的考评结果和各地创建进度都要及时上报政府，并在行业发展大会上公布，以此激发地方政府和行业从业者发展全域旅游的积极性。将推进全域旅游发展的工作成效列入年度工作目标责任考核体系，落实好“三项机制”，实行奖惩制度，对推进不力、完成任务落后的单位进行严格的督查和考核。

4. 健全旅游投诉举报处理机制

建立健全旅游投诉举报统一受理体系，建立与旅游投诉统一受理制度相适应的体制机制，积极建设全省游客投诉网络平台，进一步完善游客投诉管理处置制度，畅通游客投诉途径如“12345”行政服务热线电话、微信公众号、咨询中心等，建立起线上线下相结合的游客投诉举报处理渠道。

8.1.3 深化金融改革

全域旅游发展需要注入大量的资金，投资和融资对全域旅游的发展至关重要。实现全域旅游可持续发展，必须充分发挥政府的作用，强化财政支持，优化项目投融资环境。一方面，要建立旅游发展专项资金，统筹各部门资金，利用政府贷款、融资等方式，进行金融模式的创新；另一方面，要充分发挥政府主导作用，实现旅游项目、旅游基础设施建设、旅游资源保护等公共服务项目的统一规划和协同发展。

实现江西省全域旅游的可持续发展，省级财政应加大旅游产业发展投入力度，努力营造公平的市场准入环境。有关单位还要引导地方涉旅公司主动对接江西省发展升级战略引导资金和国家文旅专项融资基金，召开旅游企业投融资会议，帮助符合条件的地方旅游公司通过发放企业债券、企业股票，采取投资特许权、经营权等手段扩大融资规模。另外，旅游行业自身还应该形成一个协调发展的体系，包括形成旅游项目投资协作的内部协调体系、合理的旅游项目投资的监督管理体系等。

8.2 创新政策制度

政策是政府实施宏观调控的重要手段，在旅游资源配置、旅游产业发展、旅游企业扶持、旅游人才培养等方面发挥着基础保障作用。全域旅游的发展需要产业、财政、土地、人才等方面政策的支持，完备的政策体系是江西省全域旅游的基本保障，对于江西省全域旅游可持续发展具有重要的意义。

8.2.1　确立主导产业地位

2015 年以来,国家相继出台了多个与全域旅游发展密切相关的产业政策,江西省委、省政府在着力支持全域旅游的发展过程中也颁布了《关于全面推进全域旅游发展的指导意见》等政策文件,形成了强有力推动江西省全域旅游发展的政策支持体系。同时,为保障全域旅游发展顺利推进,江西省及各地市鼓励各部门分别出台或联合出台支持全域旅游发展的相关政策文件,形成部门良性互动、相互支持的工作格局,为全域旅游发展提供政策保障。

8.2.2　加大财政金融支持

财政是国家管理的基石与支柱,财政政策对于推动全域旅游发展发挥着引导作用,有力支持全域旅游高质量发展。

第一,旅游发展要从基础设施、服务体系、产品开发、教育培训、营销推广、智慧旅游建设、规划编制、旅游资源保护等方面入手,设立旅游建设和发展专项资金,为旅游业发展提供启动资金和引导资金,扶持和引导旅游项目的发展。形成“政府引导投资、企业主导投资、民众参与投资”的全域旅游投资格局,激发全社会旅游发展活力。

第二,加强财政政策的协调配合,大力支持重点旅游项目。一方面,积极争取上级政府对全域旅游发展的资金支持;另一方面,继续加大地方政府财政投资力度,对具有显著综合效益的项目给予信贷、资金等方面的重点倾斜、优先扶持,如对于需要政府大力扶持的乡村旅游和旅游公共类项目,应优先安排政府贷款贴息政策。省级及地方财政可在项目立项、报批中给予一定的配套奖励,如可以针对景区景点、住宿业、涉旅企业等实行现金补助和税收返还等奖励政策。

第三,加强全域旅游硬件和软件建设。财政部门通过采用资金奖补的形式加强全域旅游基础设施、景区景点和公共服务体系建设,同时增加对文明旅游宣传、旅游服务人员培训等软项目的投入。

第四,积极拓展海外融资渠道,开展文化旅游资料的海外宣传推广和招商引资。

8.2.3 加强土地政策支持

土地是民生之本、发展之基。旅游用地是制约当前旅游业发展的关键因素。近年来,随着全域旅游的发展,在土地的使用方面出现了许多急需处理的问题,例如在旅游项目方面落地难、旅游用地支持整体性和系统性不足等问题。围绕旅游用地应继续在以下几个方面加强保障建设。

第一,借助全域旅游发展契机,出台支持旅游业发展用地政策,针对旅游用地规划、征收、转让、使用制定详细的政策,支持全域旅游快速稳步推进。

第二,创新旅游用地实践,加大旅游用地保障,根据省、市政府的统一工作部署,合理布局旅游建设项目及土地规划,多角度解决旅游土地需求。对符合条件的重大旅游建设项目予以优先支持,落实重点项目用地。

第三,加强旅游业用地服务监管,增加旅游用地的规范性。

8.2.4 实施人才强旅政策

推动全域旅游可持续发展,需要实行"人才强旅"战略,加强人才培养力度,强化人才保障机制。全域旅游的发展需要多方面的人才如管理、经营、服务人才等,需要制定吸引高层次旅游人才的激励政策,完善旅游人才培养政策措施并积极开展旅游人才培训工作,为江西省的全域旅游发展提供人才保障。

1. 完善旅游人才培养政策

强化旅游行政管理部门、旅游院校(系)和旅游企业等各方面的沟通交流,充分发挥省内相关高校的优势,探索建立"政府、学校、企业"共同培育旅游人才的新方式。强化旅游行政管理人员的培训力度,进行全域旅游专题培训,扩大学习培训派出规模;利用全域旅游研讨会、交流会等多种形式进行旅游相关产业经营者培训工作;对于一线从业人员,常规化地开展导游讲解、旅游服务等专题培训活动;鼓励校企合作开办旅游院校或课程,积极推动教师队伍和培训实训基地建设,创立学校教育和实践锻炼相结合的培养模式,加快培育综合能力强、业务水平高的专业型、应用型、复合型、国际型旅游人才队伍。通过以上旅游人才培训工作，统筹推进各方面人才队伍建设，着力培育一批优秀旅游管理队伍、旅游经营队伍和导游队伍。

2. 加强旅游人才输送力度

加强江西省各旅游院校、景区和企业的协作，构建优势互补、特色鲜明的旅游专业培训体系，加强复合型人才培养，补齐旅游业人才短板。通过“金牌讲解班”提升旅游从业人员专业素质及服务水平，通过旅游高级管理人才研讨班不断提高旅游管理人员的管理水平；大力发展旅游职业教育，集中力量建设一批旅游重点院校，完善旅游学科体系；优化旅游人才结构，推进产学研用深度融合，吸引优秀人才为江西省全域旅游的发展服务，同时也为旅游人才提供发展平台。

3. 营造旅游人才发展环境

健全多渠道投入机制，对旅游人才给予物质和精神奖励。制定科学合理的旅游人才工资福利激励办法，设立旅游人才发展培养基金；制订旅游专业人才提升计划，全面提高旅游从业人员的学历层次与专业水平，建立健全旅游继续教育激励机制；建立江西省旅游人才与就业信息库，做好江西省旅游人才的统计工作；开展旅游行业劳动模范、先进工作者、优秀导游、优秀领队等模范评选活动，鼓励旅游从业人员积极参与与旅游相关的职业技能大赛等赛事。

8.3　完善配套设施

旅游基础设施建设是发展旅游业、打造“全域旅游”的关键环节，要以全省之力，统一规划、统一管理，实现全域共建、共融、共享。江西省积极响应国家对于旅游基础设施建设的指导精神，提出发展全域旅游要加大基础设施的建设力度，强调公共服务全域配套。关于具体的旅游基础设施建设、旅游公共服务体系等方面的保障措施如下：

8.3.1 加强旅游基础设施建设

1. 构建畅达便捷交通网络

旅游的可进入性是衡量全域旅游发展质量的重要标准。在旅游交通方面，建立起“快进慢游”的全域旅游交通网络，形成成环成网、互联互通的立体化、现代化旅游交通体系，有效承接来自各地的游客，既能满足旅游的需求，又能保障交通的畅通。完善通景公路建设以及交通方式的多样化，加强自行车租赁、旅游专线公交、汽车租赁等设施建设，打通旅游最后一公里，提高交通通达度，方便游客的出行。提升景区景点通达能力，加快推进通往主要景区的旅游公路改造、景区道路提升，提高旅游景区可进入性。开通连接各个景区景点与市区的旅游观光专线，增设旅游专列高铁车次，加快完善区域水陆空交通体系。

2. 扎实推进“厕所革命”

在卫生设施方面，按照“政府统筹、单位负责、坚持标准、建管并重”原则，高度重视“旅游公厕革命”，大力推进公厕建设，不断提升群众生活品质，全面改善游客旅游体验。加强规划引导，建立厕所建设管理的长效机制，提高厕所建设管理服务水平；加大政府对“厕所革命”的支持力度，编制改厕方案，落实经费保障，全面开展爱护设施、文明用厕宣传教育；推动旅游集散中心、旅游景区、乡村旅游点、旅游线路沿线、车站、旅游娱乐购物等场所的旅游厕所或市政公厕建设，且确保厕所数量充足、比例适当、分布合理、干净卫生、免费开放、管理规范，在特殊游客集中场所设置第三卫生间。

3. 完善旅游接待设施

创建完善的旅游产品体系，打造四季旅游格局，延长游客驻留时间，增加游客停留数量。培育一批夜间旅游休闲街区、举办一系列夜间特色活动，通过夜景灯光设计提升夜间娱乐设施水平，为游客带来沉浸式感官体验，满足游客夜间休闲消费需求；在住宿餐饮业方面，鼓励民间社会资本等多元化投资主体参与投资，丰富住宿业态，引进品牌成熟度高的连锁酒店，打造一批特色鲜明的主题精品民宿，形成由星级饭店、连锁酒店、文化旅游主题酒店和特色民宿等不同类型组成的接待服务体系,满足游客多样化、个性化的高品位住宿需求,整体提升江西省旅游接待能力和接待水平,丰富游客旅游体验。

8.3.2　构建旅游公共服务体系

1. 规范完善旅游引导标识系统

旅游标识是方便游客游览的基础性设施,为游客提供全域旅游信息服务。江西省各市应按照规范化设置要求,在飞机场、火车站、汽车站、高速公路出入口、服务区等地设置旅游景区导览图,在乡村公路、景区内外和重要交通节点等地设置交通指引标识,增强标识引导功能。重点涉旅场所规范使用符合国家标准的公共信息图形符号,实现旅游引导标识全覆盖,增加引导服务、解说教育功能,实现游客全域无障碍地旅游活动,提升旅游目的地整体形象。

2. 完善集散咨询服务体系

高标准建设集游客集散、旅游服务、业态集聚于一体的位置合理、规模适度、设施齐全、功能完善的全域旅游集散中心,形成多层次旅游集散服务体系;加快景点景区等游客集聚区旅游咨询服务点建设,设立旅游咨询服务中心,有效提供信息咨询、宣传展示、旅游预订等信息与服务。江西省各市可构建"一级旅游集散中心+县域旅游集散中心+重点景区游客中心"的三级集散网络服务系统。如南昌市成立一级旅游集散中心,各县区建成二级旅游集散中心,再加上各景区景点游客服务中心,形成以南昌市旅游集散中心为龙头、县区旅游集散中心为支撑、景区游客中心为网点的多层级旅游集散网络服务体系。

3. 健全旅游安全保障体系

旅游安全保障在全域旅游发展中具有举足轻重的作用。江西省各市应构建完善的旅游安全管理体制,积极推行"责任到岗、责任到人"的旅游安全生产责任制度,落实涉旅单位的安全责任和安全监管责任;完善旅游应急救援长效体系,推动建立政府救助与商业救援相结合的旅游紧急救援体系,建设旅游应急指挥平台,实现与重点旅游景区平台的对接,以保障游客旅游过程中的安全,为游客提供安心、放心的旅游服务;加强各部门的联合模拟演练,组织开展应急培训工作，增强应急队伍实战能力，从而促进理论与实践结合；完善旅游安全预警体系，建立旅游监测和安全预警机制，多部门联合协作进行风险监测。

4. 加快旅游停车场建设

按照规范化、特色化要求与土地节约集约原则，从生态与地质角度出发，加快停车场地建设。在游客集中场所建设符合当地环境、与游客需求相适应的停车场，着力推进生态停车场的建设，注重加强景观、绿化等人居环境的协调，合理搭配绿化空间。

8.4 强化信息支撑

2020 年 11 月，国家文化和旅游部、教育部、工业和信息化部等相关部门共同出台了《关于深化“互联网+旅游”推动旅游业高质量发展的意见》，指出要大力提升旅游信息化基础设施建设，构建与全域旅游发展相匹配的旅游信息化服务体系。并提出以“互联网+旅游”的理念，加快智慧旅游升级，推动旅游业与信息产业相结合，构建与全域旅游发展相适应的旅游大数据服务体系。

第一，加强旅游信息化基础设施建设，建立智能化导游导览旅游服务平台。游客集中场所实现 Wi-Fi 全覆盖，并建立智能电子票务管理系统；实现旅游景区视频监控实时传输呈现，加强对景区景点及时、安全、科学、有效地监控管理；推进智能化旅游服务系统建设，为游客提供旅游咨询、导游导览、电子讲解、在线预订等多样化、个性化旅游服务，提升游客旅游体验。

第二，通过互联网、物联网、云计算和大数据等核心技术，建立旅游大数据中心，重点打造旅游管理平台、旅游服务平台、旅游营销平台三大应用体系。加强基础信息管理、应急指挥平台、统计分析等应用系统使用，提升日常指挥调度、产业数据统计分析、产业运行监测等智慧旅游服务水平，利用大数据手段对游客流量、客源市场、停留时间、旅游消费等信息进行监测和分析；建立旅游与多部门数据共享机制，将大数据广泛应用于旅游统计、旅游市场分析，及时发布旅游景区实时游客量、气象预警等信息；建立全省旅游统一的数据标准、统一的基础信息、统一的地理数据、统一的交换接口、统一的技术平台，共享发展成果。

第三，鼓励旅游企业加强网络营销，开发旅游新形式。深化“互联网+旅游”发展，鼓励个性化、互动式等新的消费方式，创造新的沉浸式旅游体验；发展数字体验产品，引导在线消费，积极培育“网络体验+消费”的新模式，充分挖掘网络消费、体验消费、智能消费等消费潜能。

8.5　加强营销推广

1. 完善营销机制

通过整合省、市、县、企各级旅游资源和资金，利用宣传推广、销售渠道、销售联盟等合作平台，健全捆绑销售体系，提高旅游市场的宣传和推广效果。全省上下齐抓共管，打好“组合拳”，形成上下联动、各部门共同努力的旅游合作营销新格局。加强旅游联合营销，成立区域旅游联盟，实现资源整合、共同协作、共同发展，形成新的旅游营销机制。

2. 创新营销方式

大胆创新旅游营销模式和手段，有效运用新媒体营销、微信营销、广告营销、旅游网站营销等多种方式。加大线上旅游营销力度，运用现代化信息手段进行宣传营销，借助大数据技术进行目标客户所关注对象的年龄属性、消费习惯等基础画像的分析，洞察游客需求，提高营销精准度，从而制订正确的营销方案；拓展新媒体渠道，借助携程、马蜂窝、去哪儿、飞猪、驴妈妈等旅游 App 进行景区景点营销，利用网上直播、抖音、微信公众号等渠道推广江西省的精品旅游线路，并在政府的支持和指导下，建立全省的旅游推广平台，提高知名度，提高旅游市场的吸引力，例如，在江西广播电视台影视旅游频道等投放旅游宣传片，利用“云游江西”智慧旅游平台推广各类旅游应用场景；加强新媒体的推广，利用新媒体进行旅游目的地、线路、产品的组合销售；强化旅游品牌的营销，采取多样化的促销宣传，例如，组织旅游专列、召开旅游推介会、制作宣传片等。因此，需要借助新的技术、新的手段、新的媒体，构建一套完善的旅游网络营销体系;探索“旅游+影视”“旅游+综艺”宣传营销新模式,通过明星效应、互动传播等方式宣传电视剧、综艺取景拍摄点。做好区域联合营销,有效整合区域内特色资源,构建资源整合平台,注重旅游线路规划,形成特色品牌,整体推广、整体营销,推动旅游一体化发展;推动跨区域旅游合作和联合营销,鼓励不同地市旅游景区、旅游企业合作,通过联合发展,共享客源流量。

8.6 加强环境保护

1. 加强资源环境保护

生态环境是旅游发展的重要基础,资源环境质量是全域旅游发展的重要依托。对于自然生态、传统村落、历史文化等旅游资源,要坚持发展和保护相结合的方针,对旅游资源进行合理的开发,以保证其有序、高效利用,并制订相应的保护措施和方案,为其提供坚实的政策保障。要充分理解生态建设与生态保护的关系,树立保护生态环境的意识,坚持五大发展理念,推进旅游产业可持续发展。加强旅游生态环境保护规划工作,旅游行政部门严格执行规划和项目审批程序,严格按照现行法律法规对禁止开发区域的管理要求。以可持续发展的战略思想为指导,合理开发和利用环境资源,要把经济发展和保护环境结合起来,实现旅游产业发展的生态化,促进旅游业可持续发展。

2. 推进全域环境整治

依据旅游资源禀赋、旅游发展现状及发展规划,制订城区环境和村镇环境风貌优化、控制方案。在旅游景区、走廊、村镇等区域开展绿化美化活动,开展旅游线路绿化美化活动,并根据实际情况,因地制宜地对全域环境景观、污水处理、垃圾处理、景区周边旅游接待处的内外环境等方方面面进行整改,对旅游环境从整体上进行优化,营造干净整洁的旅游卫生环境,形成良好的旅游氛围。

8.7 本章小结

本章主要研究了江西省全域旅游发展的保障措施。体制机制上,提出从创新引领机制、强化综合协调管理体制建设以及深化旅游投融资机制改革等方面保障全域旅游可持续发展；政策制度上，提出从确立旅游业主导产业地位、强化全域旅游财政支持、加强土地政策支持、实施人才强旅政策等方面保障全域旅游可持续发展；基础设施上，提出从构建畅达便捷交通网络、扎实推进“厕所革命”、完善旅游接待设施、健全旅游安全保障体系、规范完善旅游引导标识系统等方面保障全域旅游可持续发展；信息技术上，提出以发展智慧景区为核心、建立旅游大数据中心来实现全域旅游可持续发展；营销推广上，提出与时俱进，开展多渠道、多手段创新营销，从完善营销机制、创新营销方式等方面保障全域旅游可持续发展；环境保护上，提出从加强资源环境保护、推进全域环境整治等方面保障全域旅游可持续发展。

第 9 章

结论

全域旅游是旅游模式和旅游理念的创新，是促进我国旅游业转型升级和可持续发展的必然选择。综合集成视角下对全域旅游的探究可进一步丰富全域旅游的理论内涵。本书依据复杂系统理论、产业融合理论、旅游生命周期理论和区域可持续发展理论，借助 CiteSpace 对近十年全域旅游研究文献进行分析、挖掘，提出了全域旅游发展水平评估的基本概念和内涵，构建了全域旅游发展水平评估的理论分析框架，并以江西省为例进行实证研究，分析其全域旅游发展的影响因素，通过借鉴国内外全域旅游典型案例的模式经验，提出江西省全域旅游发展模式及保障措施。本书主要结论如下：

第一，构建全域旅游发展水平评估的一般框架。本书基于复杂系统理论，厘清全域旅游发展水平评估的内容，从旅游贡献、旅游要素供给、旅游业态融合和旅游管理支持四个维度构建科学的全域旅游发展水平评估体系，选择合适的全域旅游发展水平评估方法，形成全域旅游发展水平评估的一般流程，从而构建了全域旅游发展水平评估的一般框架。

第二，运用耦合协调模型，选取 20 个反映旅游产业与经济发展水平的指标，对 2020 年江西 11 个设区市旅游产业与区域经济间协调有序发展状况进行定量分析。研究可知：江西各设区市旅游产业和区域经济属于初级协调经济滞后型,其中南昌、九江、上饶协调性较好。国内旅游人次、A级景区数量、财政收入等指标是影响江西初级协调滞后的主要原因。为此提出巩固国内旅游市场、打造精品旅游景区、加大地区财政投入、做好公共服务体系尤其是智慧旅游系统建设等对策,以促进江西成为红色旅游首选地、最美生态旅游目的地、中华优秀传统文化体验地。

第三,采用变差系数(*CV*)、基尼系数(*G*)、首位度(*S*)、赫芬达尔系数(*Hn*)四个指标,从旅游业的均衡性、旅游业经济差异以及旅游资源禀赋差异三个方面分析江西省全域旅游发展基础,并进行旅游业发展差异性的原因分析。结果发现江西省全域旅游发展存在旅游资源禀赋度不一、经济发展水平不一致、政策扶持利用度不同、区位状况差异化等问题。

第四,以江西省39个全域旅游示范区为研究对象,通过最邻近指数、核密度分析等方法,对示范区空间分布类型、聚集特征进行分析。鉴于示范区最邻近点指数 $R \approx 1.114 > 1$,江西全域旅游示范区为均匀型空间分布。通过核密度分析,示范区呈现"西北多,东南少"的半包圆形分布特征,形成以南昌、九江、宜春为中心的一级密度圈,以景德镇、上饶为中心的二级密度圈,以新余、吉安、萍乡、赣州为中心的三级密度圈。从旅游贡献、要素供给、业态融合、管理支持四个维度构建全域旅游发展水平的评价体系,并运用熵权法、TOPSIS综合评价法、灰色关联度分析法等研究方法对江西省全域旅游发展水平进行评估及影响因素分析。通过熵权TOPSIS综合评价法可知,各示范区发展差异性较显著,整体上呈现"北高南低"的空间格局,39个城市的全域旅游发展水平排名为婺源县、鹰潭市、井冈山市、武宁县、靖安县、龙南市、湾里区、资溪县、庐山市、乐安县、石城县、上犹县、昌江区、浮梁县、大余县、瑞金市、渝水区、芦溪县、铜鼓县、珠山区、修水县、玉山县、安源区、安远县、青原区、永修县、安义县、安福县、黎川县、全南县、广丰区、吉州区、崇义县、南昌县、南丰县、弋阳县、于都县、分宜县、彭泽县。其中,婺源县在旅游贡献、要素供给、管理支持方面均处于示范区首位,鹰潭市在业态融合方面处于示范区首位;通过构建灰色关联度模型可知,关联度最强的是旅游收入占本地 GDP 的比重指标,说明经济发展水平与全域旅游发展水平密切相关,其次是工业旅游示范基地、精品民宿、智慧旅游等指标,各个指标都是处于 0.65<灰色关联度值≤0.85,各指标与全域旅游发展水平的关联度较高,影响较强。

第五,通过国内外全域旅游发展的典型案例,提出了江西省全域旅游发展模式及保障措施。在构建江西省全域旅游发展模式思路、原则的基础上,借鉴国内外全域旅游发展的经验,提出了景城一体型、城乡融合型、生态依托型、扶贫富民型、文旅融合发展带动型 5 种全域旅游发展模式,并对部分具有典型特征的地区进行案例实证。最后,从健全体制机制、完善政策制度、提升公共服务、强化信息支撑、加强营销推广等方面提出了江西省全域旅游发展的保障性措施。

参考文献

[1]劳惠燕. 基于全域旅游视角下社区参与旅游发展的思考[J]. 中外企业家,2017(11):2.

[2]裴超. 借力而行——解析全域旅游对促进会议经济带来的作用[J]. 中国会展,2018(20):8.

[3]佚名. 国务院常务会议核定第八批全国重点文物保护单位[J]. 城市规划通讯,2019.

[4]李强. 全域旅游理论构建与实践经验综述[J]. 戏友, 2020(2):4.

[5]杨振之. 全域旅游的内涵及其发展阶段[J]. 旅游学刊,2016,31(12):1-3.

[6]陈悦,陈超美,刘则渊,等. CiteSpace 知识图谱的方法论功能[J]. 科学学研究,2015,33(02): 242-253.

[7]张辉,岳燕祥. 全域旅游的理性思考[J]. 旅游学刊,2016,31(09):15-17.

[8]胡泽文,孙建军,武夷山. 国内知识图谱应用研究综述[J]. 图书情报工作,2013,57(03): 131-137.

[9]许万林,许燕. 全域旅游视角下陕西体育旅游产业发展研究[J]. 体育文化导刊,2019(11): 97-103.

[10]王杏丹,刘俊雅."全域旅游"对民族地区的文化涵化影响与涵化路径引导[J].中华文化论坛,2016(09):142-147.

[11]崔昕.全域旅游理念下农村人居环境整治与乡村旅游开发的有机结合[J].农业经济,2020(09):43-45.

[12]刘敏.全域旅游视角下莱芜雪野乡村旅游发展研究[D].浙江海洋大学,2019.

[13]李湘莹.全域旅游视角下的石林县旅游生态圈构建研究[D].云南大学,2019.

[14]商磊.内蒙古阿尔山市全域旅游视角下政府职能优化研究[D].辽宁师范大学,2020.

[15]张婧.基于全域旅游视角的弥勒市游客满意度研究[D].云南财经大学,2020.

[16]刘烨娜.全域旅游视角下赤壁市旅游产业升级研究[D].武汉轻工大学,2017.

[17]柳杨.全域旅游视角下浙江省文成县旅游发展研究[D].广西师范大学,2020.

[18]莫靖聪.桂林市龙胜各族自治县全域旅游示范区建设路径研究[D].桂林理工大学,2018.

[19]罗三湘.全域旅游视角下新化旅游业发展研究[D].湖南农业大学,2019.

[20]李凯.永嘉县全域旅游发展模式研究[D].湖南工业大学,2021.

[21]刘芳.长沙县发展全域旅游的问题及对策研究[D].湖南大学,2018.

[22]国务院办公厅关于促进全域旅游发展的指导意见[N].中国文化报,2018-03-24(002).

[23]李志飞.全域旅游时代的变与不变[J].旅游学刊,2016,31(09):26-28.

[24]赵黎光,刘明菊.“全域旅游”发展回顾与展望——理论与实践的双重视角[J].商业经济研究,2018(10):183-185.

[25]李金早.推进全域旅游 实施“三步走”战略[N].中国旅游报,2017-02-13(001).

[26]郭毓洁,陈怡宁.全域旅游的旅游空间经济视角[J].旅游学刊,2016,31(09):28-29.

[27]丰晓旭,夏杰长.中国全域旅游发展水平评价及其空间特征[J].经济地理,2018,38(04):183-192.

[28]林明水,廖茂林,王开泳.国家全域旅游示范区竞争力评价研究[J].中国人口·资源与环境,2018,28(11):83-90.

[29]陈乐.全域旅游视角的城市旅游形象感知研究——以湛江为例[D].江西财经大学,2019.

[30]袁绍荣.江西旅游经济发展战略初探[J].当代财经,1989(08):44-48.

[31]汪金福,戴志健,王怀清,等.鄱阳湖流域生态系统服务价值评估[J].气象与减灾研究,2019.

[32]张帅.江西省旅游经济与生态环境耦合协调关系的时空分析[D].东华理工大学, 2017.

[33]彭燕,谢冬明.基于个案分析的旅游产业与区域经济协调发展定量研究[J].南昌大学学报:人文社会科学版, 2015, 46(6):7.

[34]彭燕.江西旅游业区域差异研究[J].江西社会科学, 2015(12):5.

[35]砥砺奋进一年间[N].江西日报,2018-02-12(B01).

[36]江西省文化和旅游厅.美丽江西秀天下[N].江西日报,2021-01-27(004).

[37]王楠.江西省:坦途通天下 丰碑立心上[N].中国城市报,2021-07-19(A07).

[38]赵传松. 山东省全域旅游可持续性评估与发展模式研究[D]. 山东师范大学,2019(09).

[39]易宋丹. 江西省旅游特色小镇发展模式研究[D]. 江西财经大学,2019.

[40]王振宇. 国家全域旅游示范区创建全过程管理探索[D]. 广西大学,2020.

[41]李睿. 鄱阳湖生态经济区建设与江西文化资源保护[J]. 中共南昌市委党校学报,2010,8(05):58-60.

[42]沈苏丹. 江西省生态文明建设问题研究[D]. 江西财经大学,2021.

[43]朱磊,王丹. 绿水青山撬动"美丽经济"[N]. 人民日报,2019-10-22(018).

[44]夏华坤. 融媒时代"江西风景独好"品牌传播策略优化研究[D]. 江西财经大学,2019.

[45]厉新建,张凌云,崔莉. 全域旅游:建设世界一流旅游目的地的理念创新——以北京为例[J]. 人文地理,2013,28(03):130-134.

[46]赵慧莎,王金莲. 国家全域旅游示范区空间分布特征及影响因素[J]. 干旱区资源与环境,2017,31(07):177-182.

[47]梁君,石璐. 珠江—西江经济带全域旅游空间分布特征及影响因素分析[J]. 广西社会科学,2018(11):87-91.

[48]徐珍珍,余意峰. 国家全域旅游示范区空间分布及其影响因素[J]. 世界地理研究,2019,28(02):201-208.

[49]鄢慧丽,王强,张小浩,等. 全域旅游示范区空间分布特征及影响因素分析[J]. 中国农业资源与区划,2020,41(10):228-236.

[50]张向敏,王文杰,孙健武,等. 河南省国家全域旅游示范区空间分布特征及影响因素[J]. 北方园艺,2021(04):164-169.

[51]任燕,张武康,任育瑶. 全域旅游示范创建区省域发展水平比较及启

示[J]. 统计与信息论坛,2020,35(07):114-121.

[52]王雷震,张帆,李春光. 旅游对区域经济发展贡献度定量测度方法及其应用[J]. 系统工程理论与实践,2006(05):54-62.

[53]吕宁,吴新芳,韩霄,等. 游客与居民休闲满意度指数测评与比较——以北京市为例[J]. 资源科学,2019,41(05):967-979.

[54]王兆峰,刘庆芳. 产业融合背景下运动休闲特色小镇的空间分异及形成因素[J]. 地理科学,2020,40(08):1310-1318.

[55]汪丹丹. 全域旅游发展实践问题研究——以池州市旅游业发展为例[J]. 山西青年,2019(23):27-28.

[56]李珍. 全域旅游视角下庆元县旅游发展与建议[D]. 广西师范大学,2017.

[57]宋斐红. 沂南县全域旅游发展研究[D]. 山东大学,2017.

[58]田良. 三亚全域旅游发展实践与理论思考[M]. 中国科学技术大学出版社,2018.

[59]潘琦. 新型城镇化背景下枣庄乡村旅游发展探讨——基于法国普罗旺斯地区乡村旅游发展的启示[J]. 当代经济,2020(04):75-77.

[60]张玉晴. 全域旅游背景下乡村旅游发展中的政府作用研究[D]. 山东财经大学,2018.

[61]齐镭. 国外旅游城市群发展研究[N]. 中国旅报,2015-02-09(006).

[62]邓卫红. 城镇化进程中的少数民族文化传承与保护——以贵阳市花溪区为例[J]. 贵州民族研究所,2014(9).

[63]郭佳. 全域旅游视角下区域旅游发展模式研究[D]. 贵州大学,2017.

[64]戴学锋,杨明月. 全域旅游带动旅游业高质量发展[J]. 旅游学刊,2022,37(02):6-8.

[65]陈清,姚学辉. 景城一体化背景下国际旅游城市建设研究——以九江市为例[J]. 美与时代(城市版),2021(12):87-88.

[66]李方圆. 石城推动全域旅游提档升级[N]. 赣南日报,2017-11-26(001).

[67]杜少华. 山水武宁:全域旅游谱新篇[J]. 当代江西,2018(09):16.

[68]吕俊芳. 城乡统筹视阈下中国全域旅游发展范式研究[J]. 河南科学,2014,32(01):139-142.

[69]李群,林雍,李歆. 从景区旅游走向全域旅游[N]. 江西日报,2019-04-08(005).

[70]唐诗文,朱兆恺,胡勇飞. 生态美 产业兴 游人醉[N]. 江西日报,2021-06-07(001).

[71]汤民,林楠,余进. 资溪全域旅游让人尽享纯净和谐美[N]. 江西日报,2019-06-13(007).

[72]肖荟. 资溪县旅游资源评价与分析[J]. 北方经贸,2018(07):159-160.

[73]薛兵旺. 关于全域旅游视角下旅游业精准扶贫的深层次考量——以黄陂老区生态旅游区建设为例[J]. 武汉商学院学报,2016,30(02):15-18.

[74]余丽平. 江西婺源乡村民宿产业发展研究[J]. 延边党校学报,2017(3):3.

[75]刘爱华. 旅游扶贫与贫困治理的"篁岭模式"[J]. 社会治理,2020(12):81-84.

[76]宋子千. 旅游融合发展论[M]. 北京:中国旅游出版社,2015.

[77]董芙蓉. 文旅融合背景下博物馆与旅游的关系研究[J]. 四川旅游学院学报, 2021(2):5.

[78]郭伟,薛耀文. 基于全域旅游的龙头景区带动型模式研究——以山西省临汾市为例[J]. 改革与战略,2019(2):11.

[79]Ritchie, J. R. B. ,Crouch G. I.. The competitive destination: a sustainability perspective[J]. *Tourism Management*,2000,21(1):1-7.

[80] I. Nestorosk. Identifying Toursim Potentials in Republic of Macedonia Through Regional Approach [J]. *Procedia-Social and Behavioral Sciences*, 2012.

[81] P. Mathew, S. Sreeiesh. Impact of responsible tourism on destination sustainability and quality of life of community in tourism destinations [J]. *Journal of Hospitality and Tourism Management*, 2016.

[82] H. Hartwell, A. Fyall, C. Willis, et.. Progress in tourism and destination wellbeing research [J]. *Current Issues in Tourism*, 2016.